本书出版受到北京市支持中央在京高校共建项目资助，

教材的教学视频为北京语言大学慕课项目，

项目编号为：401170100-MOOC201703 和 FZ201901。

China

中国经济聚焦

高级商务汉语综合教程

SPOTLIGHT ON CHINA'S ECONOMY:

A Comprehensive Course of Advanced Business Chinese

冯传强　编著

北京大学出版社
PEKING UNIVERSITY PRESS

图书在版编目（CIP）数据

中国经济聚焦：高级商务汉语综合教程 / 冯传强编著. —北京：北京大学出版社，2020.6
ISBN 978-7-301-31322-0

Ⅰ.①中… Ⅱ.①冯… Ⅲ.①商务—汉语—对外汉语教学—教材 Ⅳ.①H195.4

中国版本图书馆 CIP 数据核字（2020）第 054841 号

书　　名	中国经济聚焦：高级商务汉语综合教程 ZHONGGUO JINGJI JUJIAO：GAOJI SHANGWU HANYU ZONGHE JIAOCHENG
著作责任者	冯传强　编著
责 任 编 辑	邓晓霞
标 准 书 号	ISBN 978-7-301-31322-0
出 版 发 行	北京大学出版社
地　　址	北京市海淀区成府路 205 号　100871
网　　址	http://www.pup.cn　新浪微博：@北京大学出版社
电 子 信 箱	zpup@pup.cn
电　　话	邮购部 010-62752015　发行部 010-62750672　编辑部 010-62753334
印 刷 者	三河市博文印刷有限公司
经 销 者	新华书店
	787 毫米 × 1092 毫米　16 开本　14.25 印张　346 千字
	2020 年 6 月第 1 版　2023 年 8 月第 2 次印刷
定　　价	78.00 元（含音频、慕课视频）

编写说明

本书是北京语言大学汉语学院汉语言专业经贸方向四年级商务汉语综合课的教材，适用于已经掌握了汉语基础语法及3000个以上的汉语常用词的学习者，兼顾来华及海外学历教育或非学历教育，也可以供具有一定汉语水平的人士自学使用，以满足用汉语在中国及海外从事商务活动的需要。

本教材具有以下几个突出的特点：

第一，利于实施内容教学法

为了更好地激发学生的学习兴趣并提高学生的商务汉语交际能力，本教材以第二语言教学领域广受好评的内容教学法为主要的教学法，兼顾任务教学法等。为了更好地实施内容教学法，教材的话题是在对汉语学院的学生进行问卷调查的基础上筛选出来的，每个话题都是与汉语学习者的生活息息相关的中国经济现象。这些话题是采用内容教学法的根本保证。

第二，便于开展线上教学

最近几年，利用互联网技术开展的线上教学发展迅猛。北京语言大学的慕课平台应运而生。我们利用北语慕课平台项目，对本教材进行了适当的修改，每课课文都可以切分为5到6个既可独立教学又是有机整体的模块，从而使本教材从教学内容到模块设计都更利于开展线上教学。扫描书中二维码，可观看前四课慕课视频。

第三，兼顾经济知识进行综合训练

本教材的编写与汉语言专业经贸方向的经济知识课程相互配合，按经济活动的一般规律，从一般介绍到深度思考，可循序渐进提高学生的商务汉语水平，同时，遵循教学规律，按梯次综合训练学生的听、说、读、写等语言技能。

第四，注重商务实践能力的培养

本教材特别重视学生商务实践能力的训练，每单元都专门设计了与课文相关的商务实践活动。

本教材共 8 个单元，每个单元 10 课时，总课时可控制在 80 ～ 120 课时范围内，课外训练和实践活动大致可按 1：1 安排课时，教师可根据具体教学对象适当调整。

本教材的编写者长期从事对外汉语教学工作，特别是商务汉语教学，不仅熟悉语言教学规律，而且对中国经济问题和商务活动有较为全面的认识。希望本教材会成为对外汉语教师教学的好帮手，并为广大留学生的商务汉语学习提供帮助。

目　　录

第一课　《喜羊羊与灰太狼》成功启示录　1

第二课　中国经济的十年之痒　26

第三课　拨开迷雾看股市　51

第四课　房价攀升玄机　77

第五课　“中国制造”新名片——中国高铁　103

第六课　华为与围棋　126

第七课　汇率与价格　146

第八课　王者归来——联想“乡镇普及计划”　170

词语总表　198

参考答案　212

第一课

《喜羊羊与灰太狼》成功启示录

慕课视频

音频

预习提示

- 你看过或听说过《喜羊羊与灰太狼》吗？觉得怎么样？
- 谈谈你喜欢的一部动画片或电影。
- 你认为一部动画片或电影受欢迎的因素有哪些？
- 你们国家的动画片或电影和中国的有哪些不同？

凭借广泛的观众基础和卡通明星的号召力，国产原创动画电影《喜羊羊与灰太狼》在今年春节期间取得了巨大市场成功，为我国动画产业的发展增添了新的信心。该片成功的动画产业模式，对我国大力发展动画产业具有积极的借鉴意义。

《喜羊羊与灰太狼》为国产动画产业赢回信心

动画电影《喜羊羊与灰太狼》由上海文广新闻传媒集团、广东原创动力和北京优扬传媒联合出品，根据电视剧版动画片《喜羊羊与灰太狼》改编而成。自1月16日在全国各大影院上映以来，该片上座儿热度一直居高不下，首映日票房800万元，首周末就一举突破3000万元，春节期间包括北京、上海、广州、深圳、杭州、南京等地各大影院均是场场爆满。截至2月10日，全国票房已达8000万元，创造了国产小成本动画影片的票房神话。其成功业绩将同档期上映的《闪电狗》《马达加斯加2》等好莱坞动画大片远远抛在身后。

值得一提的是，动画电影《喜羊羊与灰太狼》的热映也带来了相关衍生品的热卖。在各地影院、商店，大大小小的“喜羊羊”和“灰太狼”玩偶、靠垫，印有“喜羊羊”图案的书包、笔袋被抢购一空，产生了不凡的产业延伸价值。而电影上映后，它的品牌价值也随之广为传播，DVD版、网络授权、电影图书、玩具产品、食品饮料等相继跟进，各种衍生品效应纷纷开花，甚至还形成了一种“喜羊羊文化”，比如网上流传的一句口号“嫁人要嫁灰太狼”，认为“灰太狼”反映了当今社会中“好老公”的价值观：忠诚、顺从而又任劳任怨。由此一些商家也找上门来，甚至要让“喜羊羊”和“灰太狼”做产品代言人。这部动画电影的热映已经成为一个文化现象、一个引发热议的公众话题。这不仅使社会看到了国产动画电影的希望，也大大激起了国内动漫企业发展原创动画产业的兴趣。

《喜羊羊与灰太狼》成功的若干因素

精心设计的卡通造型。卡通形象是动画片的一个关键因素，为让小朋友喜欢“喜羊羊”卡通形象，主创方颇费了一番心思。在创作之初，导演率领编剧、漫画师先将设计好的卡通形象在公司内部进行投票，选出其中最好的形象，再进行修改。然后又将设计好的卡通形象拿到中小学、幼儿园找学生来评议，再根据学生意见进行修改。最后拿到玩具制造商那里去征求意见。经过这三个环节的推敲、修改，才确定好每个卡通形象。这些卡通造型不仅形象可爱，令人过目不忘，而且方便生产各种衍生产品，易被消费者接受。

老少咸宜的创作风格。动画电影版《喜羊羊与灰太狼》秉承该系列动画电视剧一贯的幽默风趣、老少咸宜的创作风格，场景从“青青草原”移师蜗牛体内，展示了奇妙微观世界中“羊与狼”新一轮斗智斗勇、欢乐有趣的故事。除此之外，该片还巧妙地融入了“牛气冲天”的贺岁元素，加入令人爆笑的情节与对白，颇具故事性。因此，该片依靠自身的亲和力，不仅吸引了儿童观众，也吸引了不少成人观众，尤其是白领群体，创造了广泛的观众基础。

长期打造的品牌效应。动画电影版《喜羊羊与灰太狼》的热映并非出于偶然。在电影版推出之前，国产电视动画片《喜羊羊与灰太狼》自2005年开播以来，已陆续在全国近50家电视台热播近500集，长盛不衰。在北京、上海、广州等城市，《喜羊羊与灰太狼》最高收视率达17.3%，大大超过了同时段播出的境外动画片。同名漫画书推出后，也立刻成为畅销书，销量超过百万册。这些品牌化、系列化、持续化、高产量、低成本的设计制作，为《喜羊羊与灰太狼》品牌的滚动传播打下了深厚基础。一份市场调查显示，国内小观众对“喜羊羊”的认知程度已经超过了“米老鼠”和“唐老鸭”。

颇具创意的营销策略。从策划“喜羊羊与灰太狼”开始，广东原创动力文化传播有限公司就将营销理念灌输在创作中。在短短3年内，该公司与众多知名商家结成了策略伙伴，开发生产了音像图书、玩具礼品、文具服装、食品、日用品，还包括QQ、手机背景、屏保、多媒体等动漫衍生品。同时利用自身的广告公司，发挥广告代理、广告推广等作用，做配套服务，开源节流，共同打造播出平台，解决发行渠道。此外，原创动力还成立了全国首个卡通人偶剧团——喜羊羊人偶剧团，所到之处都深受欢迎，有效地配合了原创动力的动画片和商家的营销宣传活动。看电影送礼品的模式也为影片的票房做出了很大贡献。很多小朋友，都是为了得到“羊狼对战笔”的礼品才慕名而来。《喜羊羊与灰太狼》还在珠三角地区推出了粤语版，这种深度营销的策略使其在珠三角地区的票房收入一下子就达到了1000万元。

对发展国产动画产业的有益启示

国产动画产业必须树立原创卡通品牌。《喜羊羊与灰太狼》之所以受到孩子们的热烈欢迎，一个重要原因是这个卡通品牌已经进入成熟期，具备了较强的影响力。这表明，国产动画创作必须精心设计卡通造型，要让中国孩子们有自己喜爱的本土卡通品牌，才能让中国卡通最终走向世界。

国产动画产业要有科学的产业营销模式。《喜羊羊与灰太狼》积极摸索适合中国市场的成功之路，产业链比较完整，从电视动画到图书出版，从周边产品到电影创作，整体运作成效颇为显著。投资方透露，《喜羊羊与灰太狼》的赢利主要靠出售播映权，约占40%，图书音像约占10%，衍生产品授权约占20%，其他约占30%。目前图书销量超过百万册，销售产值超过2000万元。其成功的营销策略对于国产动画产业的发展有很大的借鉴意义。

国产动画产业仍需国家政策的大力扶持。通过及时而恰当的产业政策来推动动画产业这一战略性产业的快速发展，是许多发达国家的共同经验。中国国家广电总局《关于国产原创电视动画片及国产动画创作人才扶持项目申请事项的通知》，积极对电视动画片作品和相关创作人才进行物质扶持，扶持总额近900万元。正是这些国家政策的大力扶持，才出现诸如《喜羊羊与灰太狼》等动画电影的热映热播。今后应继续加大对国产原创动画产业发展的政策资金支持力度，使之获得进一步发展的动力。

（根据江林发表于《光明日报》的文章改写）

1. 凭借	（动）	píngjiè	凭借先进的技术和过硬的质量，我们公司的市场占有率逐年提高。
2. 号召力	（名）	hàozhàolì	他在公司很有号召力。
3. 借鉴	（动）	jièjiàn	借鉴意义 / 值得借鉴
4. 上座儿		shàng zuòr	上座儿率 / 上座儿热度
5. 居高不下		jūgāobúxià	最近几年北京的房价一直居高不下。
6. 爆满	（动）	bàomǎn	场场爆满 / 天天爆满
7. 档期	（名）	dàngqī	上映档期 / 黄金档期
8. 衍生品	（名）	yǎnshēngpǐn	这部电影的衍生品很畅销。
9. 抢购一空		qiǎnggòuyìkōng	我们公司的新产品刚上市就被抢购一空。
10. 延伸	（动）	yánshēn	这条路一直延伸到海边。
11. 授权	（名）	shòuquán	获得授权 / 购买授权
12. 跟进	（动）	gēnjìn	跟进客户 / 跟进措施
13. 任劳任怨		rènláo-rènyuàn	他为了家人任劳任怨地工作。
14. 热议	（动）	rèyì	热议的话题 / 热议的焦点
15. 颇	（副）	pō	颇感 / 颇佳 / 颇丰
16. 推敲	（动）	tuīqiāo	认真推敲 / 不断推敲
17. 过目不忘		guòmùbúwàng	我们公司的新广告令消费者过目不忘。
18. 老少咸宜		lǎoshào-xiányí	我们公司新推出的产品老少咸宜。
19. 秉承	（动）	bǐngchéng	秉承……原则 / 秉承……理念 / 秉承……风格

20. 移师	（动）	yíshī	移师＋地点
21. 融入	（动）	róngrù	融入社会／融入……元素
22. 颇具	（动）	pōjù	颇具规模／颇具实力／颇具特色
23. 长盛不衰		chángshèng-bùshuāi	这家中华老字号企业几百年来一直长盛不衰。
24. 畅销	（动）	chàngxiāo	畅销海内外／畅销全国
25. 滚动	（动）	gǔndòng	滚动播出／滚动报道／滚动发展
26. 策划	（动）	cèhuà	策划活动／策划方案／策划部门
27. 灌输	（动）	guànshū	灌输思想／灌输知识
28. 屏保	（名）	píngbǎo	我的电脑屏保设置了密码。
29. 开源节流		kāiyuán-jiéliú	开源节流对企业来说非常重要。
30. 渠道	（名）	qúdào	销售渠道／发行渠道／拓宽渠道
31. 慕名而来		mùmíng'érlái	这里景色优美，很多游客慕名而来。
32. 本土	（名）	běntǔ	本土品牌／本土产品
33. 摸索	（动）	mōsuǒ	摸索经验／摸索方法／摸索前进
34. 成效	（名）	chéngxiào	卓有成效／成效显著
35. 颇为	（副）	pōwéi	颇为壮观／颇为显著／颇为明显
36. 赢利	（动）	yínglì	这家公司的赢利模式值得借鉴。
37. 播映权	（名）	bōyìngquán	取得播映权／出售播映权
38. 扶持	（动）	fúchí	大力扶持／相互扶持／扶持发展
39. 诸如	（动）	zhūrú	公司采取了多项措施来扩大市场，诸如提高产品质量、降低价格、优化服务等。
40. 力度	（名）	lìdù	加大力度／宣传力度／扶持力度

一、凭借广泛的观众基础和卡通明星的号召力

"凭借"，动词，依靠，依据。"凭借"出现在句子中时，后常加"着"。

例如：

（1）凭借着坚强的意志，他终于战胜了困难。

（2）那个运动员凭借正确的训练方法和超水平的发挥取得了冠军。

练习：

（1）________________，他终于当上了公司的经理。

（2）________________，我们公司今年的销量翻了一番。

二、自 1 月 16 日在全国各大影院上映以来

"自……以来"，中间是时间或事件发生的短语或小句，一般在句中作状语。

例如：

（1）据统计，1 月份北京住宅租赁成交量自去年 7 月份以来连续七个月下滑。

（2）自国务院出台"国四条"遏制房价过快上涨以来，房地产调控政策紧锣密鼓地出台。

练习：

（1）________________，我们公司产品的销量迅速上涨。

（2）________________，中国在国际上的地位日益提高。

三、该片上座儿热度一直居高不下

“热度”，这里指的是热情。

例如：

（1）春节旅游的报名高潮热度还没退，节后游已经开始悄悄“抬头”抢市场。

（2）不过，楼市出现的降温迹象似乎并没有影响到土地市场的热度。

练习：

（1）随着中国经济的快速发展，____________________也不断升温。

（2）任何事情想要成功都必须持之以恒，不能____________________。

“度”在汉语中也是一个比较能产的语素。它可以加在形容词或动词后，如：满意度、舒适度、知名度、可信度、关注度。

四、首周末就一举突破 3000 万元

“一举”，本义是一种举动，一次行动；后多表示经过一次行动或一下子就（完成）。

例如：

（1）无论从哪个方面讲，燃油税改革都是一次一举多得、多方共赢的改革实践。

（2）也正是由于他在第三节的出色表现才使小牛队一举奠定胜局。

（3）凭借这个项目的出色发挥，他们的总分一举跃升至第二位，最终获得银牌。

练习：

（1）在这次比赛中，____________________。

（2）她之前只是一个普通的职员，但____________________。

（3）公司这次的改革非常成功，____________________。

五、截至2月10日

"截至"，截止到（某个时候），后接表示时间点的词语。

例如：

（1）截至2018年2月底，浙江共批外商投资企业法人61524户，累计实有投资总额6324.7万美元。

（2）截至2月10日，当周美国银行工商业贷款下降17亿美元，至约1.3万亿美元。

练习：

（1）______________________，大赛共有3000多位选手报名。

（2）______________________，我们公司共签订了500万元的订单。

六、创造了国产小成本动画影片的票房神话

"创造……神话"，表示达到一个很难达到的高度，取得非常大的成功。

例如：

（1）春晚以其独特的舞台魅力和无与伦比的推广度，创造着一个又一个神话。

（2）百度公司在纳斯达克上市创造了一批亿万富翁的神话。

（3）丰田汽车创造的全球销售神话，是否因这次官司而宣告终止呢？

练习：

（1）在新经理的领导下，我们公司______________________。

（2）科学家袁隆平______________________。

七、动画电影《喜羊羊与灰太狼》的热映

“热映”一般指影片放映很火爆，非常受欢迎。

例如：

（1）由夏永康与陈国辉执导的《全城热恋》在春节期间一路热映，尤其是在情人节当日表现卓著。

（2）正在热映的多部国内外精彩影片的海报将影院装点得五彩缤纷。

练习：

（1）她主演的电影________。

（2）请说明某一部电影热映的原因。

“热”在汉语中是一个构词能力很强的语素。它可以放在名词、动词或短语前，组成很多词语，如：热门、热销、热议、热门货；也可以放在名词、动词或短语后，表示形成的某种热潮，如：足球热、汉语热、出国热。

八、它的品牌价值也随之广为传播

“广为”后接动词，组成被动结构一起在句中作谓语。

例如：

（1）这些年来，国内消费需求不足的命题已经广为接受，俨然成为当下讨论中国经济发展政策的大前提和理论基础。

（2）李维·施特劳斯（Levi Strauss）被认为是牛仔裤的发明者已经广为人知。

练习：

（1）这个神话故事________。

（2）这种技术已经________。

九、由此一些商家也找上门来

“由此”，从这里。承接上文，表示根据以上叙述加以推论或进一步阐述，是书面语。根据语境，可以连接小句、句子甚至段落。“由此看来”是汉语中一种常见的表达方式。

例如：

（1）他获得了乒乓球世界冠军，中国的乒乓球热也由此拉开帷幕。

（2）近日来的美元走强，使得部分投资者开始担心黄金价格由此转入跌势。

（3）本周不管是基本面还是技术面，都支持节后行情继续走牛。只要投资者信心重新确立，行情就会“虎虎生威”。由此看来，节后行情的不确定性主要来自外围，只要长假期间外围股市不过分下跌，节后回来的开门利市还是值得期待的。

练习：

（1）签订合同前仔细推敲才能________________。

（2）网上购物越来越普及，________________。

（3）我们公司的产品质优价廉，________________。

十、主创方颇费了一番心思

“费了一番心思”，指花了很长时间，下了一番功夫。汉语中还可以用“费了一番功夫”“费了一番周折”“费了一番脑筋”“费了半天劲儿”等。

例如：

（1）已经当了10年班主任的祝锦全坦言，自己每年都为班级的春节安排费一番脑筋。

（2）三名大学生在冰冷的河水中很是费了一番功夫，才把这母子二人连推带拉弄到河边。

练习：

（1）为了给女朋友准备一个称心的礼物，______________________。

（2）公司在新产品的广告上______________________。

十一、动画电影版《喜羊羊与灰太狼》的热映并非出于偶然

"出于"，（言行）从某一角度、方面出发。

例如：

（1）很多家长出于对孩子的美好期冀，让"压岁钱"变成"压岁股"，希望孩子通过收到这样的压岁礼，逐渐理解时间对财富的积累效应。

（2）收到别人的短信后，即使没什么事要说，出于礼貌也应该回复。

（3）尽管出于安全考虑，深圳严禁放鞭炮，但仍有不少市民在春节期间燃放鞭炮和烟花。

练习：

（1）______________________，我们同意了对方公司降低价格的要求。

（2）我放弃这次出国机会主要是______________________。

十二、所到之处都深受欢迎

“所”，用在单音节动词前，使“所 + 动”成为名词性短语。多用于书面。这里的用法是“所 + 动”结构加“的 / 之”修饰名词。“所 + 动”结构还可以加“的”代替名词。

例如：

（1）谈谈你在中国的所见所闻吧。

（2）老师所说的学习方法并不太适合我。

（3）见面后大家所聊的不过是些生活琐事。

练习：

（1）请大家谈谈你来中国后的所见所闻所感。

（2）随着这部电视剧的热播，他成为了大家＿＿＿＿＿＿＿＿＿＿＿＿＿＿。

十三、才出现诸如《喜羊羊与灰太狼》等动画电影的热映热播

“诸如”，举例用语，放在所举的例子前边，表示抽样举例，而且所举的例子常不止一个。

例如：

（1）一年来，学校领导为职工做了不少实事，诸如美化校园、建设新教工食堂、改善教师办公条件等。

（2）由于解决了诸如资金周转等困难，生产厂商便能给零售商以相当大的价格优惠。

练习：

（1）班长要为班级做很多事情，＿＿＿＿＿＿＿＿＿＿＿＿＿＿＿。

（2）新经理为员工们做了很多实事，＿＿＿＿＿＿＿＿＿＿＿＿＿＿。

知识及术语

1. 衍生品（Peripheral Products）

课文中提到的衍生品，指利用动画、漫画、游戏等作品中的人物或动物造型制成的其他类型的周边商品。衍生品的种类十分丰富，有玩具、文具、食品、服饰、电器及各类生活用品等。使用他人作品中的造型生产衍生品，要获得提供造型的漫画家或出版商等的授权，并向其支付一定的“著作权使用费”。

2. 营销策略（Marketing Strategy）

指企业以顾客需要为出发点，根据经验获得顾客需求量以及购买力的信息、商业界的期望值，有计划地组织各项经营活动，通过相互协调一致的产品策略、价格策略、渠道策略和促销策略，为顾客提供满意的商品和服务而实现企业目标的过程。

3. 深度营销（Depth Marketing）

指建立在互联网基础上，以企业和顾客之间的深度沟通、认同为目标，从关心人的显性需求转向关心人的隐性需求的一种新型的、互动的、更加人性化的营销新模式、新观念。它要求让顾客参与企业的营销管理，给顾客提供无限的关怀，与顾客建立长期的合作性伙伴关系，通过大量的人性化的沟通工作，使自己的产品品牌产生“润物细无声”的效果，保持顾客长久的品牌忠诚。它强调将人文关怀的色彩体现到从产品设计到产品销售的整个过程之中，乃至产品生命周期的各个阶段。

一 根据课文内容判断正误

1. 电视剧《喜羊羊与灰太狼》是根据电影《喜羊羊与灰太狼》改编而成的。（ ）
2. 电影《喜羊羊与灰太狼》上映以来，天气一直很热。（ ）
3. 喜羊羊与灰太狼的卡通形象让创作人员费了很多心思。（ ）
4. 电影《喜羊羊与灰太狼》的营销策略很成功。（ ）
5. 动画产业的成功需要国家的大力支持。（ ）

二 根据解释填写汉字

____满	观众很多，没有空位
____如	比如，例如
热____	问题、现象等引起人们的关注、议论
____入	增加，使合在一起
____销	产品的销售很好
成____	功效、效果
____名	羡慕、仰慕
本____	本国的领土

三 选词填空

抢购一空　慕名而来　居高不下　过目不忘　老少咸宜
长盛不衰　开源节流　任劳任怨　灌输　扶持　跟进

1. 近两年北京的房价一直________。

2.《复仇者联盟 4》的电影票在三个小时内就被__________。

3. 她的记忆力非常好，学过的知识基本能做到__________。

4. 为了解开同仁堂__________的秘密，我对同仁堂的历史进行了深入的研究。

5. 这种礼品__________，非常受欢迎。

6. 最近公司的效益不太好，我们应该时刻注意__________。

7. 他在公司一直__________，没想到这次却挑三拣四的。

8. 王教授，您的大名早已如雷贯耳，我这次是__________。

9. 人们的生活方式和观念变化了，但是社会服务体系却没有__________，造成独居老人服务上的真空。

10. 你不要给我__________这些封建迷信了，我根本不相信这些。

11. 我们公司的快速发展与政府的大力__________息息相关。

四 熟读下列词语并扩展

1. 热度

________度　________度　________度　________度

2. 热映

热________　热________　热________　热________

3. 上座儿

上________　上________　上________　上________

4. 所见

所________　所________　所________　所________

5. 颇为

颇________　颇________　颇________　颇________

五 选择近义词填空

业绩—成绩—成效—绩效

1. 中国少数民族贫困地区扶贫开发工作取得了明显________。

2. 由于费米对中子核反应的研究卓有________，于 1938 年获诺贝尔物理学奖。

3. 在人才评价方面，要建立以能力和________为导向，科学的社会化的评价机制。

4. 新办法将企业负责人薪酬分为基薪和________年薪两部分。

5. 在纽约股市上，由于投资者等待下周即将公布的公司________报告，市场观望气氛浓厚。

6. 考试的________并不能完全说明考生的汉语水平。

7. 根据调查，有 500 多个品牌市场销售________名列前茅，成为年度畅销品牌。

陆续—相继—持续

1. 讨论时，我们小组的同学________发言，提出了自己的观点和看法。

2. 放假了，同学们________回国了。

3. 两国的经济、文化交流已经________了一千多年。

4. 子女们________结婚生子，家里就剩老两口了。

认知—认可

1. 一些业内人士也高度________了这套软件，并称赞其为第一套“真正的集成办公软件”。

2. 世界级品牌是在世界级企业的基础上，在全世界用户中的________度达到 10% 以上的品牌。

3. 应该提高和深化公众对世界遗产的________，引导人们树立对世界遗产的主动保护意识。

4. 在我国，人们习惯用点头表示同意、________，以摇头表示否定、反对。而在印度、尼泊尔等国家则相反。

扶持一支持

1. 现有的政策对龙头企业________力度很大，但对一家一户的小项目却________得不多。

2. 倍耐力、耐克等赞助商均对足坛反赌持________态度。

3. 我的家人一直都很________我的学习和工作。

4. 政府将通过技术________、政策引导等方式，促使落后生产能力进行资本的产业转移。

5. 高新区还出台全市首个动漫产业________政策，设立了每年金额为5000万元的动漫产业发展专项资金。

6. 在国家政策________下，新兴战略性产业将会是明年资本市场的一大热点。

六 给下列词语选择合适的义项，注意体会词语在特定领域的用法

神话：A、关于神仙的故事　　B、形容伟大的成功或业绩

1. 各个民族都有关于开天辟地、生命起源的神话传说。(　　)

2. 到底谁能阻止这位世界车坛神话人物第七次夺冠，答案也许只有到本赛季结束才能揭晓。(　　)

3. 都说希腊神话多，今天我在这儿要介绍一个中国神话。(　　)

4. 美丽岛地板宜昌的这次签售会取得空前成功，真可谓是一个销售神话。(　　)

移师：A、动词，移动军队　　B、动词，指一般人员或地点的移动

1. 下周，羽坛各路精英将移师日本，参加五星级的日本公开赛。(　　)

2. 空间技术竞争已经从太空移师地面。(　　)

3. 攻下赤崁城后，郑成功移师围困台湾城，多次打败了荷军的反扑。(　　)

4. 蜗居在国子监孔庙中20多年的首都博物馆将移师新址。(　　)

滚动：A、指物体的一种移动方式　　B、指不间断、循环地进行

1. 一个物体在另一个物体上滚动时产生的摩擦，称为滚动摩擦。(　　)

2. 春节期间，深圳将采取 24 小时滚动售票的方式敞开售票。(　　)

3. 通讯社、各大报社、电视台和电台纷纷开辟了专栏，对会谈进程进行滚动追踪报道。(　　)

4. 公司应该投入新的建设项目，使有限资金良性循环、滚动发展，发挥最大效益。(　　)

灌输：A、把水引导到需要的地方　　B、输送思想、知识等

1. 主教练杰夫·范甘迪不断给姚明灌输着 NBA 的思维。(　　)

2. 这座水库灌输着附近的几万亩粮田。(　　)

3. 今天的教育已经从过去的“灌输式”“启发式”，发展为“参与式”。(　　)

七 用指定的词语完成对话

1. A：这次金融危机对我们公司的影响很大。你觉得我们该如何渡过这个难关？

B：＿＿＿＿＿＿＿＿＿＿＿＿＿＿＿＿＿＿＿＿。（借鉴）

2. A：新上映的电影你看了吗？怎么样？

B：＿＿＿＿＿＿＿＿＿＿＿＿＿＿＿＿＿＿＿＿。（爆满）

3. A：这次辩论赛同学们的表现怎么样？

B：＿＿＿＿＿＿＿＿＿＿，＿＿＿＿＿＿＿＿＿＿。（值得一提的是）

4. A：很多词语，＿＿＿＿＿＿＿＿＿＿＿＿＿＿＿＿。（诸如）

B：同感，同感！我们的确是跟不上时代了。

5. A：公司新推出的手机销售如何？

B：＿＿＿＿＿＿＿＿＿＿＿＿＿＿＿＿＿＿＿＿。（颇）

八 排列句子顺序

1. A. 还是依赖其品牌价值所撬动的产业链聚集效应

   B. 及其为制作团队带来的市场收益

   C. 都体现出其不可低估的市场“侵略性”

   D. 不论是《喜羊羊与灰太狼》制造的动漫神话

   (　　)(　　)(　　)(　　)

2. A. 已经在 113 个国家和地区播放

   B. 被誉为“迄今为止对儿童最有影响力的节目”

   C. 被国人熟知的《天线宝宝》，是英国 BBC 于 1997 年推出的针对儿童的电视节目

   D. 2002 年中央电视台引进此片

   (　　)(　　)(　　)(　　)

3. A. 尽管红太狼对他横眉冷对，飞锅乱砸

   B. 绝对没有抛弃妻子另觅她人的半点想法

   C. 他也绝无二心

   D. 只是把满腔热忱全部投入到了新发明、新点子上

   (　　)(　　)(　　)(　　)

4. A. 现在既有像祐康这样的食品企业

   B. 也有大量玩具厂商

   C. 签约“喜羊羊”的客户

   D. 以及鞋类、家居类厂商等

   (　　)(　　)(　　)(　　)

九 综合填空

__1__2007 年底，中国经营性文化产业机构已达 27.2 万家。文化产业__2__成为市场经济条件下繁荣社会主义文化、__3__人民群众精神文化需求的重要__4__，文化产业

对国民经济增长的贡献__5__上升。

国民经济的快速增长和国民收入水平的不断提高，__6__出文化产业新的发展空间；新闻出版媒体“整体上市”，__7__着文化体制改革的进一步深化；技术进步酝酿突破，广电和电信产业的融合稳步__8__；促进文化产业发展的政策逐步成型。所有这些与产业发展密切相关的宏观总体形势都__9__鼓舞。

金融危机从美国发端并蔓延全球，到去年年底为止，中国文化产业已在一定程度上受到影响。与感应最明显的制造业特别是出口外向型企业__10__，危机对文化企业带来的影响还没有呈现集中爆发势头，__11__一些坚持创新的文化企业来说，风暴虽然潜藏风险，但更蕴含__12__。

1. A 直到	B 截至	C 截止
2. A 日益	B 渐渐	C 慢慢
3. A 满意	B 满足	C 解决
4. A 办法	B 道路	C 途径
5. A 已经	B 继续	C 不断
6. A 开展	B 发展	C 开拓
7. A 标志	B 说明	C 体现
8. A 推动	B 推进	C 推广
9. A 让人	B 令人	C 使人
10. A 比较	B 一样	C 相比
11. A 对于	B 关于	C 相对
12. A 机遇	B 机会	C 挑战

十 阅读短文，回答问题

不可否认，《喜羊羊与灰太狼》的成功不是偶然的，它在创意制作、市场定位、录制及后期的测试与推广等方面，都有许多独到之处，但在新品迭出的动漫行业中，如果只看重一鸣惊人的产品传播效应，那“长江后浪推前浪，前浪死在沙滩上”，或将成为这类动漫作品的最佳注脚。

值得深思的是，在《喜羊羊与灰太狼》巨大的成功背后，我们看到的是其母品牌广州原创动力在品牌传播上的乏力，可以说，其母品牌未建立起可持续性的传播效应，正是“喜洋洋”背后的“忧”，而其在网络营销及新闻公关传播上的缺乏，更引发笔者众多思考。

当“羊与狼”与另一个产业嫁接时，制作团队进行大肆宣传，但细一考究，大众对宣传点与母品牌的认识程度也不深，由此将带来受众的“品牌认知盲点”。

有一位小孩的家长在自己的博客上埋怨，本想带小孩去看《喜羊羊与灰太狼》的电影，奈何《喜羊羊与灰太狼》给出的信息实在太少，又是上网，又是电话咨询，都无法获得电影上映的准确时间和相关信息，导致该博主直呼广州原创动力的网络营销太失败，应该赶快建好网站。

此外，笔者还担忧，“家喻户晓”的“羊与狼”，其衍生产品“火爆”得史无前例，然而，几年之后，面对与“米老鼠与天线宝宝”同样的渐渐冷淡的命运，产品品牌的生命将走到尽头，此时，母品牌的知名度和价值的重要性就尤为重要。

无论是旧品牌的延续与再造，还是新品牌的缔造，母品牌的影响力始终起着基础的推动作用，正如蛋打碎一两个不要紧，下蛋的鸡好好活着才是关键。

由此，不难发现，《喜羊羊与灰太狼》背后的制作团队——广州原创动力在母品牌传播上的困局，其点子层出不穷，也常利用媒体公关进行子品牌传播，这种传播表面上热火朝天，实际上缺乏统一的主线，更谈不上品牌策略的系统支持，如此品牌传播的“近视眼行为”，必将带来母品牌可持续性的缺失和品牌断层。

众所周知，作为一个文化消费产业的知名品牌，其成功的秘诀不仅在于始终不渝地通过衍生产品及媒体力量做品牌传播，更需要其母品牌牢牢掌控行业话语权，或许对于广州原创动力而言，下一个战略性传播谋术，在于做“国内动漫产业的领航者”，引领国内动漫产业与国外同行掰一掰手腕。

（根据周忠发表于中国营销传播网的文章改写）

1. 解释词语

（1）一鸣惊人

（2）盲点

（3）史无前例

（4）层出不穷

2. 回答问题

（1）《喜羊羊与灰太狼》的成功之处有哪些？

（2）作者认为《喜羊羊与灰太狼》有哪些方面做得还比较欠缺？

3. 用100个字左右概括这篇短文的主要意思

4. 说说这篇短文在语言方面有什么特点

小组任务

三个题目任选一个：

一、分析说明《喜羊羊与灰太狼》这部电影还有哪些成功因素及存在的问题和缺点。

二、介绍你喜欢的一部电影或电视剧成功的原因。（重点分析营销方面）

三、谈谈你对中国电影、动漫等文化产业发展现状的看法。（主要与你们国家或文化产业发达的国家进行比较）

要求：

1. 每组报告的字数在 2000 字以上；
2. 小组各成员必须分工明确，每人负责报告的一部分；
3. 小组中必须有一人负责总结本小组的报告内容；
4. 报告时必须使用 PPT；
5. 报告要尽量模仿课文的篇章结构并使用本课学习的词语和表达结构。

第二课

中国经济的十年之痒

慕课视频

音频

预习提示

- 结合你的观察，谈谈你对中国经济发展的看法。
- 谈谈经济危机对你们国家的经济产生了哪些影响。
- 查阅资料，说明你们国家为走出经济危机采取了哪些措施。

在中国人的观念中，8是一个特别吉祥的数字。不过，在经济界，它却好像是一个魔咒。自改革开发放以来，逢8必有一次大萧条。1988、1998、2008，莫不如是。

更让人吃惊的是，这三次萧条的逻辑和结果竟然是如此一致：高速的经济成长，诱发通货膨胀，政府采取霹雳式的行政调控手段，导致经济迅速转冷。

1988年的"物价闯关"至今是中国经济史上的一个"痛点"。在之前的三年，随着轻工产业的加速发展，企业数目剧增，物资供应的紧张态势空前严重，中央三令五申，但是仍然无法阻止越来越多的政府机构和国营机构投入到物资的倒卖中。为了推动价格的市场化配置，中央决定实施物价改革，因为准备不足，直接导致了空前的通货膨胀。《中国物价年鉴》记载，"1988年是我国自1950年以来物价上涨幅度最大、通货膨胀明显加剧的一年。在国家计算零售物价指数的383种商品中，动价面在95%以上，全年零售物价总指数比去年上升18.5%，这个上升幅度又是在持续三年物价累计上涨23.7%的基础之上。"

"物价闯关"仅半年就被紧急叫停，到1989年初，很多建设项目下马，约有500万农民建筑工返乡，而当时在乡村，整顿也使得大量乡镇企业萧条倒闭，社会矛盾迅速激化。到1989年下半年，全国个体户注册数减少300万户，私营企业从20万家下降到9.06万家，国有企业则因产销萎缩而受到三角债的困扰。这一轮紧缩到1991年才得到缓解。

1998年的宏观紧缩同样对中国经济的发展产生了深远的影响。在过去的四年里，中国经济一路高歌猛进，特别在家电、食品等领域中，本土企业取得了重大成功，国内市场空前繁荣。而到1997年，美国华尔街的对冲基金突然狙击亚洲货币，引发亚洲金融风暴——也是在那次危机中，《金融时报》宣告世界进入金融资本主义的时代。为了捍卫人民币不贬值，政府承担了空前的风险和压力，实施了严厉的金融管制和紧缩政策。与此同时，受金融风暴影响，一向形势不错的出口增长率出现下降，国内商品库存猛增，消费需求严重不振。1998年6月份，长江流域又遭受百年不遇的大洪水，29个省市受灾，死亡4150人。内外交困，国内经济顿时由过热转入过冷，全国居民储蓄创下历史纪录，被视为“笼中之虎”。

2008年的景象与1998年如出一辙：在过去的三年里，中国经济内外俱旺，高速成长。为了控制经济过热和通货膨胀，中央政府猛然刹车，实施信贷紧缩政策，一堆篝火被兜头浇灭，而牺牲的仍然是面大量广的民营资本企业，仅2008年上半年就有6.7万家企业倒闭。不料，国际市场突变，美国的次贷危机直接导致了欧美市场的萧条和消费信心的崩塌，中国经济在短短数月间，由过热直接坠入冰渊，在过去数年中，拉引经济成长的三大引擎——房地产消费、外向型的“中国制造”以及固定资产投资——有两个彻底熄火，于是，萧条骤然降临。

既然导致萧条的逻辑是一样的，那么我们再来看，走出萧条的办法有多少。

1988年的那次萧条持续了三年多的时间，在1990年前后曾经非常艰难，朱镕基于1991年赴京主管经济后，实施了很多重大的政策调整手段，其中包括严厉的金融秩序整顿、分税制改革、国有企业大规模上市、人民币与美元汇率调整等。与此同时，进行众多的基础设施投资和开发区建设，邓小平更是在1992年以南方谈话的方式呼唤人民进行改革和扩大消费的信心。在那一轮调整中，中央集权得到了空前的加大，而最终经济的复苏得益于国内家庭消费——特别是家用电器市场的全面激活。

1998年的拯救战略则是内外并举。在外贸方面，积极鼓励出口，利用亚洲周边国家和地区——特别是“四小龙”——受金融风暴重挫的时机，形成了“中国制造”的成本优势。在内需方面，中央政府被迫开放房地产市场，以此激活消费市场，经过两年调整，中国经济得以复苏。在这一轮调整中，通过“国退民进”的战略，政府把数以十万计的中小国有企业抛给了市场，而在金融、能源和资源性领域坚决地形成了垄断的优势，中央集权继续得到了强化。

很显然，当今的中国经济仍然行走在这样的调控逻辑之中。从目前的景象看，基本可以得出下述三个结论：

一、要复苏经济，仍然要启动现有的三大引擎。首先，外贸的复苏受国际环境影响很大，所以，制造业面向国内市场的创新变得非常重要。其次，巨额的固定资产投资仍然是最直接的启动方式，近期对铁路的2万亿元投资计划，以及广东、浙江等省份相继推出的万亿重振方案，都是这一思路的呈现。再次，唤醒民众消费，似乎除了激活地产，别无他策。

二、管控将进一步加强。在全球经济紧缩，国家资本主义纷纷抬头的时刻，中国的宏观管制势必加强。也就是说，最好的市场化改造时间已经错过了，我们不可能指望在未来的一个经济周期里实现新的改革突破。

三、中央与地方的利益冲突变得非常敏感。在当前的财税制度下，地方政府承担了60%的支出，却只分到30%左右的收入，如果地产在短期内无法复苏，地方财政将面临空前困难。本月，已有专家建议中央政府允许地方发行债券。中央与地方在税收上的明暗角力将非常引人关注。

十年一轮的萧条，让我们更真切地观察到了中国经济变革的某种宿命与规律。我们仍然在一条充满未知感的“历史的三峡”中艰难前行。

（根据吴晓波发表于《印刷经理人》的文章改写）

1. 魔咒	（名）	mózhòu	打破魔咒 / 解除魔咒
2. 萧条	（形）	xiāotiáo	这几年经济不景气，原本热闹的商业街也变得越发萧条。
3. 莫不如是		mòbùrúshì	这次经济危机导致很多国家的经济严重衰退，美国、日本、英国，莫不如是。
4. 诱发	（动）	yòufā	诱发疾病 / 诱发事故
5. 霹雳	（名）	pīlì	为了整顿市场，政府采取了霹雳式的治理措施。
6. 剧增	（动）	jùzēng	数目剧增 / 压力剧增 / 成本剧增
7. 空前	（副）	kōngqián	空前繁荣 / 空前激烈 / 空前紧张
8. 三令五申		sānlìng-wǔshēn	政府三令五申，仍然无法阻止严重的倒卖。
9. 倒卖	（动）	dǎomài	政府三令五申禁止倒卖。
10. 加剧	（动）	jiājù	新出台的措施加剧了企业之间的竞争。

11. 下马		xià mǎ	受资金短缺的影响，公司的新项目不得不下马。
12. 整顿	（动）	zhěngdùn	整顿秩序 / 整顿市场 / 责令整顿
13. 三角债	（名）	sānjiǎozhài	由于经济不景气，很多企业受到三角债的困扰。
14. 紧缩	（动）	jǐnsuō	经济紧缩 / 紧缩开支 / 紧缩银根
15. 高歌猛进		gāogē-měngjìn	改革开放以来，中国经济一路高歌猛进。
16. 狙击	（动）	jūjī	狙击敌人 / 遭受狙击 / 突然狙击
17. 捍卫	（动）	hànwèi	捍卫主权 / 誓死捍卫 / 捍卫自由
18. 库存	（名）	kùcún	为了回笼资金，公司决定尽快削减库存。
19. 不振	（形）	búzhèn	精神不振 / 食欲不振 / 需求不振
20. 内外交困		nèiwài-jiāokùn	最近他的公司内外交困。
21. 如出一辙		rúchūyìzhé	他们的广告与我们公司的如出一辙。
22. 兜头		dōu tóu	老板没问清缘由就兜头把他骂了一顿。
23. 突变	（名）	tūbiàn	基因突变 / 政局突变 / 形势突变
24. 崩塌	（动）	bēngtā	山体崩塌 / 形象崩塌 / 信心崩塌
25. 引擎	（名）	yǐnqíng	出口、消费和投资是经济发展的三大引擎。
26. 骤然	（副）	zhòurán	最近几天，气温骤然下降。
27. 得益于		déyì yú	公司的快速发展主要得益于老板经营有方。
28. 激活	（动）	jīhuó	激活账户 / 激活市场 / 激活需求
29. 拯救	（动）	zhěngjiù	我们必须加强环保意识，拯救地球。

30. 重挫	（动）	zhòngcuò	遭受重挫 / 重挫敌人 / 重挫信心
31. 垄断	（动）	lǒngduàn	垄断企业 / 垄断行业 / 垄断市场
32. 呈现	（动）	chéngxiàn	这个地区呈现出一派欣欣向荣的气象。
33. 管控	（动）	guǎnkòng	为了抑制通货膨胀，国家加强了对金融市场的管控。
34. 势必	（副）	shìbì	新政的实施势必对经济发展产生巨大影响。
35. 指望	（动）	zhǐwàng	任何事都要自己完成，不能指望别人。
36. 突破	（动）	tūpò	今年我们公司的年销售额已经突破 1000 万元。
37. 敏感	（形）	mǐngǎn	他对这件事特别敏感。
38. 债券	（名）	zhàiquàn	发行债券 / 地方债券 / 购买债券
39. 角力	（动）	juélì	赛场上，双方展开了激烈角力。
40. 宿命	（名）	sùmìng	年轻人要努力奋斗，不要相信宿命。

一、更让人吃惊的是

“更……的是”，中间一般加入动词或形容词或一个兼语结构，表示更深的程度的某种情况。

例如：

（1）在商品房价格上涨问题上，人们更相信的是切身感受，更关注的是自己离买得起房的距离有多远。

（2）今天中国女子冰壶队打了一场精彩的比赛，发挥出了应有水平，更可喜的是，她们通过起起伏伏的比赛，在短短几天内成熟了。

（3）为吸引人员就业，用工企业普遍开出了优厚的待遇，但更诱人的是保障外来务工人员权益方面的种种政策。

（4）这场比赛更令众多球迷关注的是，近来在足坛闹得沸沸扬扬的"欠债门事件"的两位男主角。

练习：

（1）今年我们公司的产品因质量问题多次被投诉，________________，________________。

（2）这个歌星的演唱会门票非常难买，但________________，________________。

二、政府采取霹雳式的行政调控手段，导致经济迅速转冷

"导致"，后接表示结果的小句。一般是客观原因造成的人们不希望发生的结果。

例如：

（1）瘟疫的流行导致这个地区的学生停课、工人罢工。

（2）森林覆盖率下降导致了这一地区野生动物数量的减少。

练习：

（1）他的一时疏忽________________________。

（2）1997 年的亚洲金融风暴________________________。

三、物资供应的紧张态势空前严重

“空前”，动词，以前没有过。常作定语或状语，很少作谓语。如果作谓语，主语必须是双音节、多音节词语，形式也比较简单，不带状语或补语。

例如：

（1）新政策出台后，证券市场空前繁荣。

（2）20 世纪 80 年代后，中国的旅游业得到了空前的发展。

（3）那个庆功大会盛况空前。

练习：

（1）改革开放以来，______________________________。

（2）为了进入国际市场，____________________________。

四、“物价闯关”仅半年就被紧急叫停

“叫停”，要求停止。多用于表示被动的句子。

例如：

（1）沈阳北站长途客运站个别客运汽车违规涨价行为被相关部门叫停，乘客们拍手称快。

（2）丰台一家“团购网”因在网上销售烟花爆竹，已被叫停。

（3）因为雨雪天气的“牵连”，原本火爆的春节短线游不得不暂时“叫停”，但温泉游却火了一把。

练习：

（1）由于涉嫌违法，____________________________________。

（2）小额信用贷款曾经在一些地方出现过，但____________________。

五、很多建设项目下马

“下马”，动词，用来比喻停止或放弃某项重大的工作、工程、计划等，也可以指官员下台，这个义项与“落马”的用法一样。而“上马”与之相反，表示开始。

例如：

（1）由于资金不足，一批建设项目将要下马。

（2）如果七国“买家”不能在月底前达成共识、继续“掏钱”，空客就将不得不让项目下马。

（3）“工程上马，干部下马”“建一座大楼，倒一批干部”成了人们对工程建设领域职务犯罪高发的形象概括。

练习：

（1）如果找不到新的投资者，________________。

（2）由于贪污受贿，________________。

六、一向形势不错的出口增长率出现下降

“一向”，副词，从过去到现在，表示一直如此。“一向”通常后接动词短语、形容词 / 形容词短语、主谓短语。

例如：

（1）在残酷的商战中，广告一向是商家制胜的法宝。

（2）他一向身体健壮，常能在各种体育比赛中取得好成绩。

练习：

（1）自新经理上任以来，________________。

（2）________________，经常迟到旷课。

七、于是，萧条骤然降临

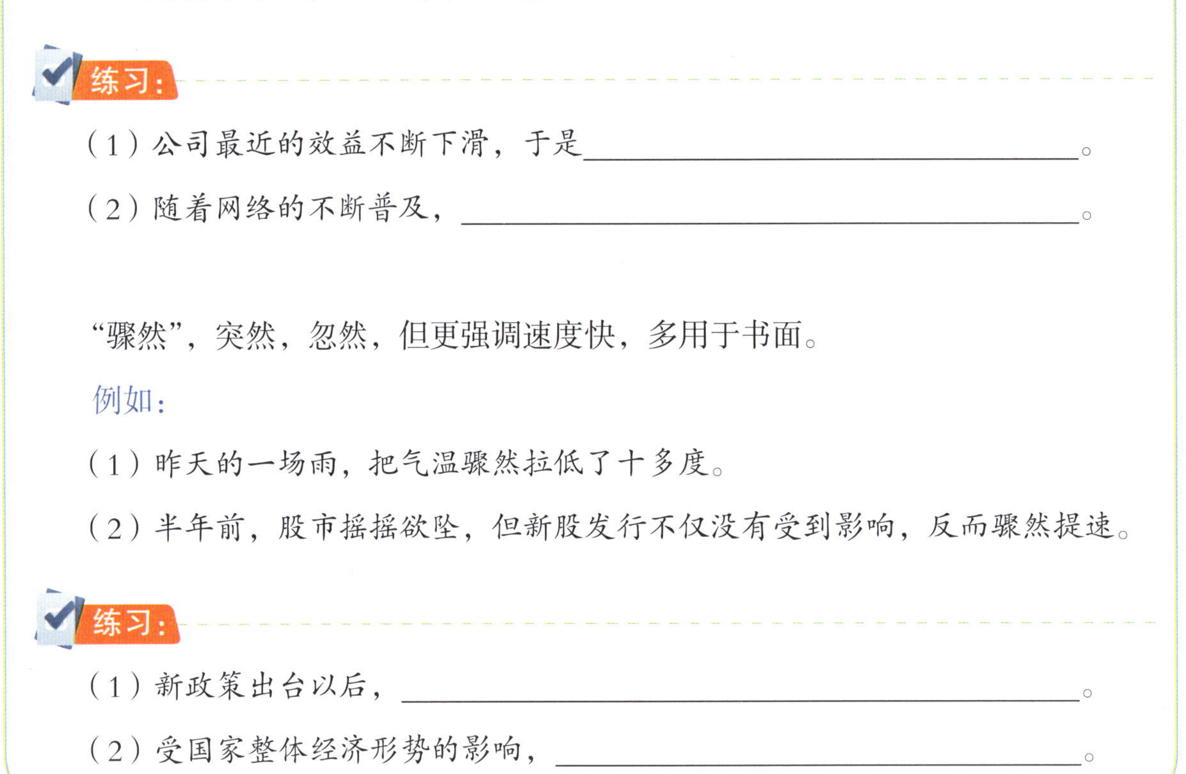

“于是”，连词，连接两个有因果关系或在时间上有先后承继关系的句子。有时，可以和“所以”换用。

例如：

（1）由于积蓄不多，又不愿意每天一大早就起床，将时间浪费在上下班的路上，于是选了市区的二手房。

（2）2008年年底，全国楼市一片低迷，当时国家及时给予了相关政策扶持，于是楼市马上在2009年初回暖。

练习：

（1）公司最近的效益不断下滑，于是________________。

（2）随着网络的不断普及，________________。

“骤然”，突然，忽然，但更强调速度快，多用于书面。

例如：

（1）昨天的一场雨，把气温骤然拉低了十多度。

（2）半年前，股市摇摇欲坠，但新股发行不仅没有受到影响，反而骤然提速。

练习：

（1）新政策出台以后，________________。

（2）受国家整体经济形势的影响，________________。

八、而最终经济的复苏得益于国内家庭消费

“得益于”，这一结构用于引出得到某种好的结果的原因。

例如：

（1）这次好成绩的取得主要得益于我多年的积累。

（2）南通家纺产业的发展繁荣得益于企业自下而上形成的较为完善的版权保护。

练习：

（1）中国经济的迅猛发展主要________________。

（2）我们公司销量的增加主要________________。

九、政府把数以十万计的中小国有企业抛给了市场

“数以……计”，中间加入十、百、千、万、亿等整数，表示概数，形容数量之多。

例如：

（1）信贷紧缩和其后经济衰退所造成的影响，已令数以百万计的人民生活艰难，以及数以万计的工商企业经营困难。

（2）当下过亿农民工在沿海新兴工业区打工，数以千万计的白领以外来人口的身份生活于大城市。

练习：

（1）这次招聘会________________。

（2）公司的促销活动________________。

十、仍然要启动现有的三大引擎

“启动”，指机器、仪表、电气设备等开始工作，这里扩大到经济领域，表示开始。

例如：

（1）中国政府采取了一系列措施启动消费市场。

（2）今年，昌平区计划启动 30 个城中村的整建拆迁工作，其中涉及天通苑、回龙观外的 15 个村庄。

练习：

（1）这个项目已经论证得很充分了，____________________。

（2）我们邀请了 20 多个合作伙伴____________________。

十一、似乎除了激活地产，别无他策

“除了……别无……”，这一结构表示唯一的情况。

例如：

（1）要想在股市上赢利，除了不断地学习和实践，不断地积累经验之外，别无他途。

（2）要想在错综复杂的日化市场生存发展，除了提升管理素质和水平，别无选择。

练习：

（1）要想取得好的成绩，____________________。

（2）面对越来越激烈的市场竞争，____________________。

十二、中国的宏观管制势必加强

“势必”，副词，意思是“根据事物的发展趋势推测事情一定会怎样”，表示上文有得出结论的根据，而结果对当事人多是不利的。“势必”用在句子中，多修饰动词短语。

例如：

（1）再就业率下降势必导致再就业困难群体的增多。

（2）不重视群众的意见，势必要犯错误。

练习：

（1）随着原材料的供不应求，＿＿＿＿＿＿＿＿＿＿＿＿＿＿。

（2）如果政治环境不稳定，＿＿＿＿＿＿＿＿＿＿＿＿＿＿＿。

十三、让我们更真切地观察到了中国经济变革的某种宿命与规律

“宿命”，多用于指注定的，不能改变的命运。

例如：

（1）东亚四强赛上，中国队完胜韩国队，一段延续了 32 年的宿命被打破。

（2）选择了做企业家，便意味着选择与压力、竞争、劳累、焦虑结伴而行的宿命。

练习：

（1）谈谈你对宿命论的看法。

（2）在目前国际形势大变的情况下，＿＿＿＿＿＿＿＿＿＿＿＿＿＿＿＿＿。

十四、我们仍然在一条充满未知感的"历史的三峡"中艰难前行

长江三峡是重庆市至湖北省间的瞿塘峡、西陵峡和巫峡的总称，是长江流域最险峻的一段。雄伟瑰丽的长江三峡已于1997年成为历史，中国在此地修建了当今世界最大的水利枢纽工程。"历史的三峡"用来形容前所未有、充满困难险阻、处在摸索之中的某种情况。常与它一起使用的动词有：穿越、走出等。

练习：

（1）只要我们团结一心，不懈努力，________________________。

（2）领导鼓励我们积极创新，____________________________。

知识及术语

1. 倒卖（Scalping）

通常未经官方批准，通过投机手段以大大高于标价的价格出售。

2. 三角债（Triangle Debts）

一方是另一方的债权人或债务人，同时又是第三方的债务人或债权人，这三方之间的债务，叫三角债。

3. 对冲基金（Hedge Fund）

也称避险基金或套利基金，是指金融期货（financial futures）和金融期权（financial option）等金融衍生工具（financial derivatives）与金融组织结合后以高风

险投机为手段并以营利为目的的金融基金。它是投资基金的一种形式，属于免责市场（exempt market）产品。意为“风险对冲过的基金”，对冲基金名为基金，实际与互惠基金安全、收益、增值的投资理念有本质区别。

4. 美国次贷危机（Subprime Crisis）

又称次级房贷危机，也译为次债危机。它是指一场发生在美国，因次级抵押贷款机构破产、投资基金被迫关闭、股市剧烈震荡引起的金融风暴。它致使全球主要金融市场出现流动性不足的危机。美国“次贷危机”从2006年春季开始逐步显现。2007年8月开始席卷美国、欧盟和日本等世界主要金融市场。

5. 固定资产投资（Fixed Asset Investment）

是建造和购置固定资产的经济活动，即固定资产再生产活动。固定资产再生产过程包括固定资产更新（局部和全部更新）、改建、扩建、新建等活动。

6. 债券（Bonds）

是政府、金融机构、工商企业等机构直接向社会借债筹措资金时，向投资者发行，承诺按一定利率支付利息并按约定条件偿还本金的债权债务凭证。债券是一种有价证券，其本质是债的证明书，具有法律效力。债券购买者与发行者之间是一种债权债务关系，债券发行人即债务人，投资者（或债券持有人）即债权人。由于债券的利息通常是事先确定的，所以，债券又被称为固定利息证券。

练　习

一　根据课文内容判断正误

1. 1988 年的“物价闯关”是造成通货膨胀的直接原因。　（　　）

2. 1998 年之前的四年，中国国内经济发展迅猛，出口增长率也增长很快。（　　）

3. 世界进入了金融资本主义时代，所以引发了 1997 年的亚洲金融风暴。　（　　）

4. 2008 年拉引中国经济的三大引擎——房地产消费、外向型的“中国制造”以及固定资产投资都彻底熄火。　（　　）

5. 1988 年中国的经济走出萧条完全归功于国家的政策调整和基础建设。　（　　）

6. 1998 年中国经济的复苏完全是由于抓住了“四小龙”经济严重受挫的时机。　（　　）

7. 2008 年的经济复苏，作者认为要靠房地产市场和固定资产投资。　（　　）

二　根据课文，解释画线词语的意思

1. 在经济界，它却好像是一个魔咒。

2. 政府采取霹雳式的行政调控手段，导致经济迅速转冷。

3. 中国经济一路高歌猛进。

4. 全国居民储蓄创下历史纪录，被视为“笼中之虎”。

5. 中央政府猛然刹车，实施信贷紧缩政策，一堆篝火被兜头浇灭。

6. 拉引经济成长的三大引擎——房地产消费、外向型的“中国制造”以及固定资产投资——有两个彻底熄火。

7. 利用亚洲周边国家——特别是“四小龙”——受金融风暴重挫的时机。

8. 通过“国退民进”的战略，政府把数以十万计的中小国有企业抛给了市场。

9. 唤醒民众消费，似乎除了激活地产，别无他策。

10. 中央与地方在税收上的明暗角力将非常引人关注。

三 选词填空

莫不如是	高歌猛进	三令五申	兜头浇灭	如出一辙
狙击	势必	猛然	骤然	突破

1. 国家有关部门已经________，不允许企业向职工发放各类购物卡、消费券。

2. 业界人士及市场专家们乐观地预测，今年的车市将继续________。

3. 从冰岛到迪拜，两个没有实体经济撑腰的地方爆发的债务危机________。

4. 昨天中午，蓄势待发的高温被一场突如其来的大雨________。

5. 我军在前进途中受到敌军的________，伤亡惨重。

6. 有些新手开车起步总是很猛，甚至还挺享受这种________间加速起步的感觉。

7. 连日来，雪后京城气温________下降至近 40 年来最低值。

8. 截至昨天，《复仇者联盟 4》的票房已经________27 亿美元。

9. 中国作为一个大国，其强大和崛起，________会对全球的政治经济格局，甚至对世界历史的发展进程产生深刻的影响。

10. 用钱生钱，也就是经商，才是世界上最高明的理财手法，在现实和网游里________。

四 给下列词语选择合适的义项，注意体会词语在特定领域的用法

魔咒：A、可以产生魔力的咒语　　B、指很难解释或打破的某些现象

1. 一位王子在新奥尔良中了邪恶巫师的黑暗魔咒，变成了一只青蛙。(　　)

2. 马刺队在 2003 年、2005 年、2007 年的夺冠，也成为一个神秘的奇数年夺冠的“魔咒”。(　　)

3. “道路建起来，领导倒下去”似乎成了这个省交通领域的一个可怕魔咒。(　　)

4. 心高气傲的网坛女皇小威拒绝认命，她表示自己要打破这个只有奇数年才能夺冠的魔咒。(　　)

刹车：A、名词，一种机器装置　　B、动词，使机器停止运转　　C、比喻停止或制止

1. 造成这次事故的原因是汽车的刹车失灵。(　　)

2. 紧急刹车是遇到交通险情时人们的第一反应。(　　)

3. 江城信贷上周开始“刹车”，引起业界一片猜想。(　　)

4. 丰田部分汽车的油门踏板可能因“质量问题”而被卡住，进而引起“只能加速不能刹车”的险情。(　　)

5. 联想电脑在节节胜利的时候却突然刹车了。(　　)

激活：A、通过刺激等手段，使有机体恢复活力　　B、用某种方式，使其可以使用 C、刺激、促进

1. 投保人在购买了自助保险卡后，可在有效期内通过登录网站或拨打电话形式进行激活。(　　)

2. 经过了 10 分钟左右的热身，身体肌肉被激活了，每一根神经都处于兴奋状态。(　　)

3. “博库”再次像“鲇鱼”一样激活了徐州的图书市场。(　　)

4. 当前，我省民间投资得不到有效激活的主要原因表现在四个方面。(　　)

5. 去年 10 月末 11 月初时，新款 iPhone 在中国上市，1 月初的激活数量已经超过 20 万部。(　　)

五　用指定的词语完成对话

1. A：这次事故的原因调查清楚了吗？

　B：________________________________。（导致）

2. A：中国的汽车市场有没有受到金融危机的影响？

　B：________________________________。（空前）

3. A：________________________________？（三令五申）

　B：我看还是我们的制度有漏洞。

4. A：受资金短缺的影响，________________________。（下马）

B：也只能如此了。我们一定要吸取这次失败的教训啊！

5. A：________________________________。（如出一辙）

B：是啊，其中一个肯定是抄袭。

6. A：这次行动很危险，你还是别参加了吧。

B：________________________________。（别无）

7. A：在金融危机的背景下，你们公司的销量却节节攀升，可喜可贺！

B：________________________________。（得益于）

8. A：听说这次涨工资的事又泡汤了。

B：真郁闷，________________________。（指望）

六 排列句子顺序

1. A. 不是改革已经不能再释放出新的增长率了

B. 即使在经济体制领域里面

C. 中国的问题不是改革已经完成了

D. 我们还有大量的事情可做，仍然有大量的事情可做

E. 改革仍然是初级阶段

(　　)(　　)(　　)(　　)(　　)

2. A. 我国网民规模的增幅已经有所放缓

B. 但整体来看

C. 经历了多年的迅猛发展

D. 仍保持了一个较高的增长速度

E. 面对接近 9 亿的网民基数

(　　)(　　)(　　)(　　)(　　)

3. A. 相关研究报告显示，预计未来五年
   B. 我国将成为世界第一大旅游目的地国和第四大客源输出国
   C. 伴随着人民生活水平的提高
   D. 滨海休闲地产正成为一种强大的市场需求
   (　　)(　　)(　　)(　　)
4. A. 上海世博会是一次集中展示各国经济、文化、科技和社会发展成就的全球盛会
   B. 是对世界多元文化的一次精彩诠释
   C. 因此，世博会既是一次对当今世界的展示，也是一次对未来世界的引领
   D. 参与世博的一半以上为青少年
   (　　)(　　)(　　)(　　)
5. A. 可是从 3G 时代起
   B. 手机最初发明出来的时候，不过就是个可以随时打电话的工具
   C. 手机不仅仅是个可以移动的电话了，上网、处理文件、打游戏……
   D. 所以美其名曰“移动电话”
   E. 可以说是一个掌上电脑了
   (　　)(　　)(　　)(　　)(　　)
6. A. 在电脑、显示器、手机、交换机等产品领域，我国的产量均居于世界前列
   B. 但我国 IT 制造业也面临一个尴尬的现实：中国制造业仍处于世界制造业产业链的中下游，其国际地位主要体现在总量上
   C. 更为严重的是，含金量高的制造资源和核心技术，基本上都掌握在国外企业手上
   D. 这十年来我国 IT 制造业取得了飞速发展，已成为仅次于美国和日本的全球第三大 IT 产业基地
   E. 而在质量上与发达国家仍存在一定的差距
   (　　)(　　)(　　)(　　)(　　)

七 成段表达，300—400字

1. 根据课文，谈谈金融危机对中国经济造成的影响。
2. 查阅资料，概括说明走出经济萧条的办法。
3. 结合你的观察，谈谈你对中国经济发展的看法。

八 阅读短文，回答问题

以十一届三中全会为标志，中国开启了改革开放历史征程，从农村到城市，从试点到推广，从经济体制改革到全面深化改革，中国社会发生了翻天覆地的变化，但最根本的变化来自经济领域。总的来说，中国经济领域的发展大概经历了如下四个阶段：

一、1978—1998：转轨与市场化

转轨与市场化体现在四个方面。第一个是制度的市场化。从计划到市场的转轨，所有制上也出现了转化，从公有制经济到多种所有制经济并存。第二个是劳动力的市场化。靠着短缺经济和劳动力市场化，万向、海尔和联想等中国企业迅速崛起。第三个是资本的市场化。首先是内资，飞乐音响上市，深宝安并购延中实业。再就是外资引入，第一家中外合资企业——北京航食成立，可口可乐进入中国建厂。第四个是土地的市场化。农村改革从小岗村开始，家庭联产承包责任制意义重大。城市改革以1986年新的《土地管理法》为标志，对于土地的使用、所有两个权益做出了明确的分离和规定，启动了土地的市场化。

二、1998—2008：全球化、城镇化与工业化

这是中国经济发展的黄金十年，有四个重要的红利。第一个是劳动力的红利。15到64岁的人口在新千年里迅速增加，从9.2亿一路增长到超过10亿，净增加人口超过德国的总人口，奠定了人口红利的基础。第二个是全球化红利。按照传统经济学里的比较优势理论，中国做中低端产业，欧美做高端产业，符合比较优势。第三个是城镇化的红利。斯蒂格利茨曾经讲过，21世纪最重要的两件事，一个是美国的高新技术产业，第二个就是中国的城镇化。城镇化创造了庞大的需求，成为中国经济发展的主要推动力。第四个是互联网的红利。这个红利催生了数个有代表性的互联网企业，一

个是以新浪、搜狐、网易为代表的门户网站时代，第二个是以百度、阿里、腾讯为代表的 BAT 时代，再加上后起之秀京东，90 年代末期互联网巨头开始崛起。

这一阶段，借助资本市场的扩张，很多企业发展迅猛。比如万向系控股了很多上市公司，进军互联网、区块链等，联想系参控股超过 25 家上市公司，海尔、碧桂园、美的等企业，进入品牌化时代，开始形成自己的品牌。这个十年是房地产业的黄金时代，碧桂园的销售收入已经超过了 3000 亿，成为全球最大的房地产企业。互联网从门户到移动互联网，商业模式、产品也都经历了不断的迭代，可能两年以前还是叱咤风云，两年以后就销声匿迹了。

三、2008—2018：金融化与泡沫化

2008 年的金融危机开启了全球量化宽松，2009 年中国启动 4 万亿重振计划。2011 年移动互联网时代到来，中国成为全球最大的智能手机市场。移动互联网时代让中国真正缩小了所谓社会阶层的差距。2012 年全球 QE 开启，中国金融行业进入超常规发展阶段，金融过度繁荣从此开始。金融行业增加值占 GDP 的比重在 2016 年达到了 8.35%，超过美国、日本。移动互联网企业迅速崛起，10 年以前，最大的上市公司还是工商银行、中国石油、中国移动，现在已经是阿里、腾讯这些企业。互联网企业推出的消费贷是这十年的一个新现象，成为消费增长的一个重要推手。

这个十年，很多传统企业也抓住了时代发展的趋势，建立了自己的金融版图，如万向系、TCL 系、美的系，实业加金融，实业加地产。有的企业则实现了产业升级，如传统家电行业和 BAT 互联网巨头合作，线上加线下全方位占领市场。

四、新时代：变化与挑战

新时代的挑战首先是中美关系，任何一个国家坐在世界第二的位置都不好受。从中国的角度看，市场化确实有了很大的进展，房地产进入白银时代，增长率放缓，大城市已经进入存量时代。老龄化加上刚需人口不足是新时代不得不面临的挑战。同时，消费升级带动产业升级的时代也已经到来。

（根据管清友发表于《今日头条》的文章改写）

1. 解释词语

（1）翻天覆地

（2）催生

（3）后起之秀

（4）叱咤风云

（5）销声匿迹

2. 回答问题

（1）1998 年—2008 年，中国经济有哪些方面的红利？

（2）2008 年—2018 年，中国消费增长的主要推手是什么？谈谈你对它的看法。

（3）根据文章，互联网企业的特点是什么？

（4）新时代，中国经济面临的挑战有哪些？

3. 查阅资料，整理概括文中提到的阿里、腾讯等互联网企业成功的原因

4. 谈谈你对今日头条、美团、滴滴等互联网企业的看法

小组任务

三个题目任选一个：

一、查阅资料，说明后金融危机时代经济发展应该注意的问题。

二、结合你的观察，说明你们国家经济萧条与中国的异同之处。

三、概括说明对你们国家影响巨大的一次经济危机。（说明起因、过程、影响及经验教训）

要求：

1. 每组报告的字数在2000字以上；
2. 小组各成员必须分工明确，每人负责报告的一部分；
3. 小组中必须有一人负责总结本小组的报告内容；
4. 报告时必须使用PPT；
5. 报告要尽量模仿课文的篇章结构并使用本课学习的词语和表达结构。

第三课 拨开迷雾看股市

慕课视频

音频

预习提示

- 你炒过股吗？谈谈你对股票的看法。
- 你认为证券市场对经济有哪些作用？
- 谈谈中国股市与你们国家的股市有哪些不同。

课 文

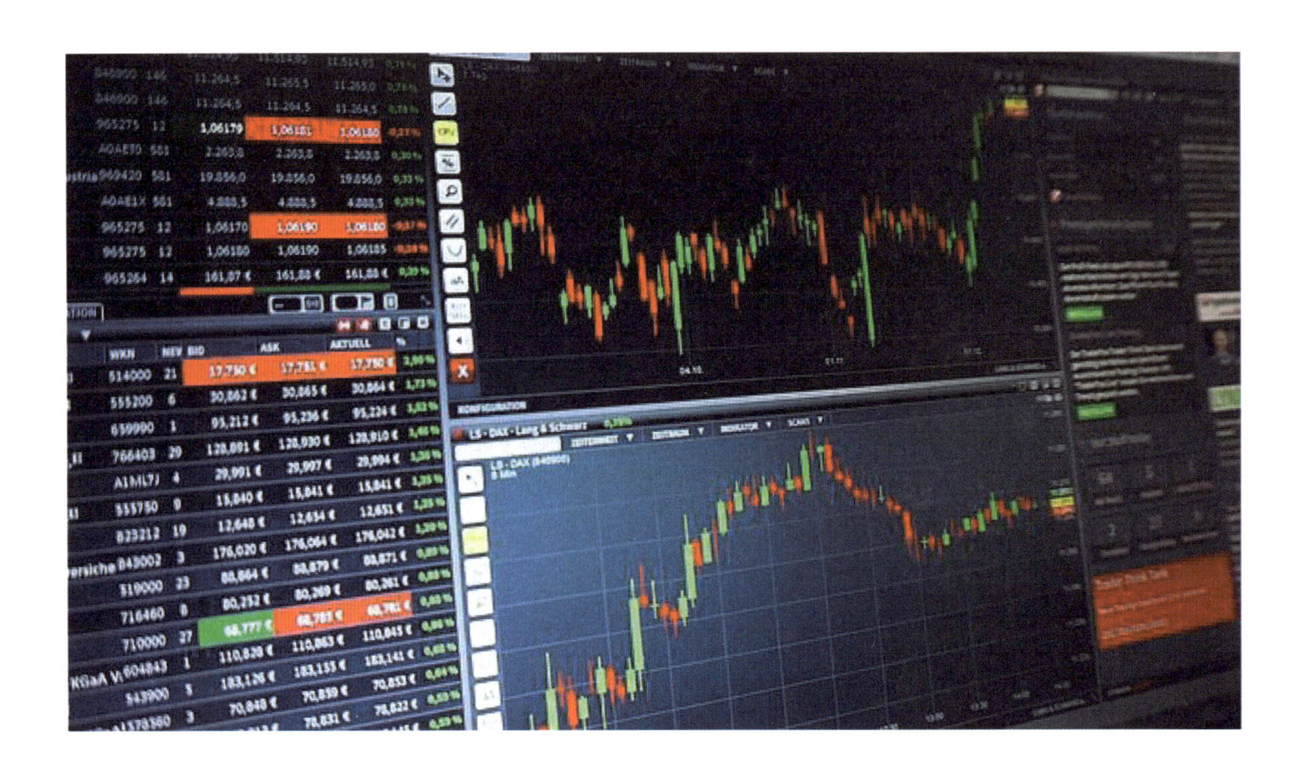

时至今日，证券市场在中国经济中已发挥着重要的作用，同时也面临着种种挑战。在很多股民看来，证券市场是改革开放后的产物，我们对于证券市场的认识还处在童年期，而实际的情况是这样吗？

实际上，中国人对于股票市场的理解，在很久以前就已非常到位了，也就是说，我们的经济方面的智慧不是在改革开放之后才开始积累的。

股票市场起源于欧洲。在 17、18 世纪的时候欧洲各国连年征战，都打得民穷财尽。怎么办？一些国家就开始发行战争债券，发行了以后还不起就开始打白条。打白条还是还不起，就发明了股票市场。股票，实际上就是欠债不还打的白条。但股票市场给白条赋予了新概念：这些白条是很有价值的。价值在哪里？那就是白条带来的未来的现金流。

由此产生了第一次股票市场的危机。英国政府为向南美洲进行贸易扩张而成立了南海公司，并把南海公司的股票卖给公众。他们说，南海公司从其他国家掠夺来的钱就是未来的宝藏。他们拿这句话骗第一批人，第一批人被骗了，再骗第二批。第二批人又被骗了，价格拉得更高了，再骗第三批。骗到最后一批，股市崩盘了，所以后来拟定了泡沫法案。到了1720年的泡沫法案，禁止这些公司——当时叫股份有限公司——运营达100年之久。而法国甚至禁止使用“银行”这个字眼达到150年之久，因为很多人向银行借钱炒股造成了泡沫。

南海泡沫与法国的密西西比泡沫事件、美国1929年金融危机一起，被认为是历史上最为惨痛的三次股市崩盘，也被作为世界金融证券市场最为深刻的教训载入史册，但每次股市崩盘之后，都会出台相应的法律法规来纠正以前的错误。

1840年，随着西方坚船利炮打开国门，清政府被迫对外开埠通商，股份制公司以及股票交易就这样踏上了东方的土地。随后的洋务运动，更是推动了股份制证券公司的发展。由于最初没有证券交易所，股票交易大多在茶馆中进行。那时每天早上，股票经理会来到一些著名的茶馆，与买家一边聊天、喝茶，一边完成交易。19世纪60年代以后，上海外商证券交易非常活跃，市场上证券交易额日以百万计，投机交易有时延至深夜。随着股份制潮流涌动，上海、北京、天津、广州、武汉先后掀起了设立交易所的热潮。到1921年最高潮时，中国的交易所数量已接近200家，竟然位列全球第一。然而，畸形的发展却让早期的中国证券市场经历了三次大崩盘，那么，发生这三次大崩盘的原因到底是什么呢？

1872年9月2日中国出现了第一次金融危机。当时上海《申报》有个评论，说买股票的人，只要股票上市就去买，不管这个公司是做什么的，不问他的经营好坏，也不问赚钱没有，就一头热去买。你是否觉得1872

年《申报》的这句话和我们现在的评论是一样的？我们的悲剧就在这里，我们缺乏英国、法国的泡沫法案，也缺乏美国1934年的证券交易法，我们到现在仍然重蹈覆辙，甚至用的术语、我们批评股民的话都和1872年是一样的，这真是很可笑。我们同样引进了西方制度，但是我们缺乏了监管，我们缺乏了有效的可执行的法令来保护中小股民。

第二次金融危机是20世纪初期。由于汽车工业的发展，需要大量的轮胎。轮胎是橡胶做的，所以英国兰格志（Langkate）公司在上海开始利用橡胶这个概念发行、炒作股票。兰格志公司1909年4月4日股价是780两，一个多月涨到了1160两，一年之后，涨到了1475两，也就是说一年翻了一番。除了中国的钱庄之外，汇丰银行也加入到这场炒作里面。直到1910年7月，价格太高了，全世界使用橡胶的国家开始压价，直接导致中国这种以橡胶概念为主的股票市场全面崩溃。

第三次危机发生在民国时期。1918年，北京成立了第一家股票交易所。第二年，上海也成立了交易所。到1921年，全中国的交易所已经达到了140家。交易的东西除了股票之外，还包括布、麻、煤油、火柴、木柴、麻袋、烟、酒、沙土、水泥……什么都交易，市场一片旺盛。在股市发展如此迅猛的情况下，钱庄也看不下去了，他们通过银行贷了大笔款项出去，却什么实业都不做，纷纷加入炒股的大军。但到了1922年，不知道他们哪一根筋不对了，陆续开始收回贷款，造成第三次的中国金融危机。

可以看到，中国金融危机的问题和欧洲是同样的，而且几乎是一模一样的，也就是利用股份有限公司随意炒作，银行参股，然后火上浇油。

1922年，疯狂的交易所热潮终于降下帷幕。随着门庭若市迅速变为门可罗雀，无法维系的交易所纷纷破产，最终存活下来的交易所只剩下6家，信托公司也只剩下2家。崩盘风潮中倾家荡产的人不计其数，受此牵连，商肆纷纷倒闭，经理职员辞职，自杀者也为数众多，中国进入了证券交易的冰河期。然而，在惨痛的现实面前，中国当时已经有睿智的思想家提出了世界级的解决方案，而日后美国、英国的证券市场正是按照这一解决方案的思路完成了股市的重建。那么，这位如此睿智的中国思想家是谁呢？

是梁启超。他是当时最伟大的经济学家。他说："华人不善效颦，徒慕公司之名，不考公司之实。"我们只仰慕着公司的名字就开始炒股，而不考察公司的实际基本面。同时，他认为当时的中国股市缺乏"信"，即缺乏信托责任。这个批评放到今天来用适不适合？在2008年股市这么低迷的情况下，我们上市公司的职业经理人竟然还敢抛出股票，让股价跌得更凶。他们缺乏什么？缺乏对中小股民的信托责任。

梁启超还指出中国股份有限公司的问题出在哪里。1910年，就是在中国的股票市场第二次崩溃的时候，他写了一篇谈股份有限公司的文章。他说，股份有限公司必须在强有力的法治国家才能生存，法制化的建设，用严刑让你不敢没有信托责任。他说中国则不知法制为何物，虽然在清光绪二十九年已经有公司法，叫作《公司律》，但他认为律文毫无价值，条文粗糙得很，而且即使律文完善也不会实行。

第二，他认为股份有限公司必须有责任心强的国民才能够成功，也就是说，必须有信托责任，而中国人则不知有对于公众的责任。他认为，英国人之所以以商雄踞天下，是因为信托责任强。这个人在100多年前对于股份有限公司的理解之透彻，我觉得太不可思议了。他能够在乱世直接看到问题的核心。

我们假设在1910年，当梁启超把这两件事讲出来之后，当时的执政者能够有这种睿智，接受他的想法，我们也可能拟定一个法案，它的灵魂和美国1934年《证券交易法》的精神是完全一样的。

总而言之，我们的股票市场跟欧美是一样的，都曾因为股份有限公司跟银行勾结，造成股市崩盘。但是我们真正需要的是什么呢？一个睿智的伟人告诉我们，你缺乏信托责任，缺乏良心，那就必须用法制化的建设让你不敢没有信托责任，这才是股票市场能够替中小股民创造财富的条件，这就是美国股票市场成为全世界最重要的市场的原因。美国人到了1934年才悟出这个道理，而我们1910年就知道。梁启超的睿智很像指南针、火药跟印刷术，很可惜这些都是我们中国人创造出来的，但我们却没有发扬光大。

（根据郎咸平的博客文章改写）

1. 证券	（名）	zhèngquàn	证券市场 / 证券交易 / 证券公司
2. 到位	（形）	dàowèi	表演到位 / 理解到位 / 认识到位
3. 积累	（动）	jīlěi	积累经验 / 积累财富 / 积累知识
4. 起源	（动）	qǐyuán	起源于 + 地方 / 时间
5. 民穷财尽		mínqióng-cáijìn	战争导致这两个国家民穷财尽。
6. 打白条		dǎ báitiáo	政府三令五申禁止打白条吃喝。
7. 赋予	（动）	fùyǔ	赋予使命 / 赋予意义 / 赋予权利 / 赋予职能
8. 掠夺	（动）	lüèduó	掠夺资源 / 掠夺财富 / 疯狂掠夺 / 肆意掠夺

9. 宝藏	（名）	bǎozàng	考古人员发现了一个唐代的地下宝藏。
10. 崩盘		bēng pán	经济危机引发了股市崩盘。
11. 拟定	（动）	nǐdìng	拟定措施／拟定计划／拟定预算／拟定政策
12. 运营	（动）	yùnyíng	正常运营／合法运营／投入运营／试运营
13. 惨痛	（形）	cǎntòng	惨痛教训／惨痛经历／惨痛代价／惨痛损失
14. 载入史册		zǎirù-shǐcè	他作为 18 世纪最杰出的音乐家载入史册。
15. 出台		chū tái	出台政策／出台措施／出台规定／出台方案
16. 坚船利炮		jiānchuán-lìpào	西方国家利用坚船利炮打开了中国的大门。
17. 活跃	（形）	huóyuè	交易活跃／市场活跃／日趋活跃／空前活跃
18. 延至		yán zhì	延至＋时间
19. 潮流	（名）	cháoliú	引领潮流／时尚潮流／追赶潮流
20. 掀起	（动）	xiānqǐ	掀起……热潮／掀起……风波／掀起……革命
21. 畸形	（形）	jīxíng	由于法律不完善，早期的中国股市畸形发展。
22. 重蹈覆辙		chóngdǎo-fùzhé	大家一定要吸取上次的教训，以免重蹈覆辙。
23. 监管	（动）	jiānguǎn	加强监管／监管力度／监管不力／缺乏监管
24. 炒作	（动）	chǎozuò	开发商和投资者的炒作导致房价越来越高。

25. 翻番		fān fān	翻了一番 / 翻了两番 / 翻了几番
26. 压价		yā jià	为了垄断市场，大企业常常采取压价的手段打击中小企业。
27. 崩溃	（动）	bēngkuì	这次失败让他彻底崩溃了。
28. 旺盛	（形）	wàngshèng	需求旺盛 / 精力旺盛 / 市场旺盛
29. 火上浇油		huǒshàng-jiāoyóu	他正在气头上，你就别再火上浇油了。
30. 帷幕	（名）	wéimù	拉开帷幕 / 降下帷幕 / 落下帷幕
31. 门庭若市		méntíng-ruòshì	这家餐厅天天门庭若市。
32. 门可罗雀		ménkěluóquè	由于经营不善，这个商场门可罗雀。
33. 倾家荡产		qīngjiā-dàngchǎn	赌博让很多人倾家荡产。
34. 牵连	（动）	qiānlián	这个案子牵连到了很多公司的领导。
35. 睿智	（形）	ruìzhì	他是一个睿智的人，在公司很有号召力。
36. 效颦	（动）	xiàopín	模仿无可厚非，但千万不要东施效颦。
37. 仰慕	（动）	yǎngmù	他才华横溢，我对他仰慕已久。
38. 毫无	（动）	háowú	毫无希望 / 毫无道理 / 毫无作用 / 毫无价值
39. 雄踞天下		xióngjù-tiānxià	美国的文化产业雄踞天下。
40. 透彻	（形）	tòuchè	分析透彻 / 理解透彻
41. 不可思议		bùkě-sīyì	这家公司的发展速度令人不可思议。
42. 核心	（名）	héxīn	核心技术 / 核心价值 / 以……为核心
43. 灵魂	（名）	línghún	追求自由平等是这次革命的灵魂。
44. 勾结	（动）	gōujié	勾结敌人 / 与……勾结
45. 发扬光大		fāyáng-guāngdà	传统的文化艺术应该发扬光大。

语 法

一、在很多股民看来

"在……看来"，介词结构，用于引出做出评价者，多用于书面。

例如：

（1）在他看来，目前中国第一方阵的"水泥资本大鳄"有一半都很年轻，有的水泥产业发展历史还不足10年。

（2）在众多研究机构看来，2019年无疑是一个消费大年，因此，消费板块自然也就成为了多家研究机构公推的板块。

练习：

（1）＿＿＿＿＿＿＿＿＿＿，中国文化与韩国文化非常相似。

（2）这次改革＿＿＿＿＿＿＿＿将会大大提高公司的生产效率。

二、在17、18世纪的时候欧洲各国连年征战

"连年"，意为连续几年。

例如：

（1）她的销售业绩在我们公司连年第一，创造了一个又一个销售神话。

（2）由于缺乏专业的管理人才以及财力保障，导致纪念园连年亏损。

练习：

（1）引进新技术后，＿＿＿＿＿＿＿＿＿＿＿＿＿＿＿＿。

（2）公司的产品在国际市场一直供不应求，＿＿＿＿＿＿＿＿＿＿。

三、发行了以后还不起就开始打白条

“打白条”，俗语，一般有两种情况：一是指开具非正式的收据等证明；二是指需要付款时用单据代替应付的现款，日后再予以兑付的行为。

例如：

（1）由于没有资金，收农民的粮食时就要打白条，老百姓觉得打白条很不方便，也就不愿意把粮食卖给我们了。

（2）朱东军利用其负责原花园乡集镇建设的职务之便，“打白条”截留公款12005元。

练习：

（1）为了保护农民的利益，政府________________。

（2）随着政府整顿力度的加大，________________。

四、运营达100年之久

“达……之＋形”，这一结构用来表示数量大或时间长等。

例如：

（1）经过早期“超常规”发展，创业板市场已初具规模，数量达半百之众。

（2）中国国航的股价连翻几番，甚至一度高达30元之多。

（3）吸烟所产生的尼古丁将一直存在于居室表面达数月之久。

练习：

（1）我们公司特别重视新技术的研发，近5年申请的专利技术________________________________。

（2）儒家正统思想统治中国________________。

五、股票交易大多在茶馆中进行

"大多"，大部分，大多数。近义词是"大都"。

例如：

（1）大会的代表大多是先进工作者。

（2）周末我大多在家上网、休息。

（3）在晋江这个以运动鞋见长的区域，儿童品牌大多是以儿童运动鞋为主。

练习：

（1）我们的产品主要面向中低收入者，因此＿＿＿＿＿＿＿＿＿＿＿＿。

（2）随着移动支付的普及，＿＿＿＿＿＿＿＿＿＿＿＿＿＿＿＿。

六、上海、北京、天津、广州、武汉先后掀起了设立交易所的热潮

"掀起"，使运动等大规模兴起。常与"热潮、高潮"等搭配使用。

例如：

（1）随着全球经济的复苏，中国家电企业力推海外出口模式转型，未来几年国内企业将掀起新一轮的"走出去"热潮。

（2）节后以来，广西各地掀起义务植树高潮。

（3）从去年6月份以来，全省掀起了环境卫生整治大行动。

练习：

（1）随着中国经济的不断发展，＿＿＿＿＿＿＿＿＿＿＿＿＿＿＿＿。

（2）在国家鼓励创新的政策下，＿＿＿＿＿＿＿＿＿＿＿＿＿＿＿＿。

七、所以英国兰格志公司在上海开始利用橡胶这个概念发行、炒作股票

“炒作”，为扩大人或事物的影响而通过媒体做反复的宣传，是一种宣传策略。“炒作”的对象非常多。产品、概念、品牌、模式、红人、明星、名人、企业、网站、活动、股市、楼市等都可以进行炒作。

例如：

（1）如果说，2009年国际资本炒作大宗商品行情的主要题材是美元贬值，那么，2010年国际资本的炒作题材将转向世界经济复苏所产生的实体需求显著增加。

（2）今后一方面要严厉打击炒作囤房者，一方面将制订旅游标准调控市场，使整治“天价房”之类的现象有规可依。

练习：

（1）____________________，中国的房价越来越高。

（2）为了增加曝光度，____________________。

八、在股市发展如此迅猛的情况下，钱庄也看不下去了

“动词＋不下去”，这一结构表示动词所表示的动作不能继续进行下去。常用的动词有：看、听、做、干、过等。这里的“看不下去”意思是不能再旁观而不参与了。

例如：

（1）在公司经营不下去的时候，曾经有一个公司要投资，她冷静地拒绝了。

（2）在很多户外移动媒体做不下去的时候，华视传媒成功地把摊子铺大，并获得了较好的经营收益。

练习：

（1）新上映的电影____________________。

（2）____________________就跟他吵了起来。

九、但到了1922年，不知道他们哪一根筋不对了

“哪一根筋不对了”，俗语，表示说不清或不知道为什么要这么做。“一”也可省略。

例如：

（1）真不知道，我当年是哪根筋不对，竟然要嫁给这个穷光蛋。

（2）昨天我们老大不知道哪根筋不对，竟然号召我们把寝室来个彻底的大扫除。

练习：

（1）这真的是一个千载难逢的好机会，你竟然放弃了，__________________。

（2）_________________________？刚才竟然对老板这个态度。

十、疯狂的交易所热潮终于降下帷幕

“降下 / 落下帷幕”，比喻某一运动或现象结束。开始可以说“拉开帷幕”。

例如：

（1）时间倒回至 2 月 13 日大年三十那天，四年一度的冬奥会拉开了帷幕，也掀起了春节期间体育盛宴的序幕。

（2）这次大型联合路演推广活动圆满结束，标志着将双方 2019 年主打产品线进行捆绑销售的促销活动落下了帷幕。

练习：

（1）经过三天的激烈角逐，____。

（2）_______________________________，但促销活动带来的影响仍在持续。

十一、这个人在100多年前对于股份有限公司的理解之透彻

“之”，古汉语的用法，用在小句的主语和谓语之间，使“理解透彻”变成名词性的成分。

例如：

（1）父母之爱子，为之计深远。

（2）这次技术革新运动范围之广泛，影响之深远，都是前所未有的。

练习：

（1）________________________，我们必须予以废除。

（2）这次促销________________________，以前从来没有过。

知识及术语

1. 泡沫法案（Bubble Act）

1720年6月，英国国会通过了《取缔投机行为和诈骗团体法》，这就是著名的“泡沫法案”。法案规定，在没有议会法案或国王特许状给予的法律权利场合，禁止以公司名义行事，发行可转让股票或转让任何种类的股份，严惩非法的证券交易。

2. 南海泡沫事件（South Sea Bubble）

发生在1720年春天到秋天之间，是指脱离常轨的投资狂潮引发的股价暴涨和暴跌，以及之后的大混乱。

3. 洋务运动（Westernization Movement）

又称自强运动，是指1861年（咸丰十年底开始）至1894年，清朝政府内的洋

务派在全国各地掀起的“师夷之长技以制夷”的改良运动。经过两次鸦片战争后，清朝统治阶级面对一系列的内忧外患，分裂为“洋务派”与“守旧派”，洋务派主张采取官办、官督商办、官商合办等方式发展新型工业，增强国力，以维护清政府的封建统治。洋务运动为中国迈入现代化奠定了一定基础。

4. 1934 美国《证券交易法》(*Securities Exchange Act* of 1934)

美国于1934年颁布的管辖证券交易的法律。该法律主要规范了以下几个方面：对证券发行中多种侵害投资者权益和非法操纵市场的行为进行界定，要求交易所、经纪人、证券经销商及在交易所挂牌交易证券必须注册，要求所有相关机构必须对经营和财务信息进行充分披露，同时要求公司的所有股东行使自己的权利，参加股东大会，选举自己的董事。这部法律赋予证券交易委员会对交易所、从业机构及上市公司的监管权，并强制相关机构和个人严格执行1933年颁布的证券法。

一 根据课文内容判断正误

1. 中国的证券市场是改革开放后的产物，因此人们对它的认识还很粗浅。(　　)
2. 中国的证券市场对中国经济发挥着重要作用，各项制度已经比较完善。(　　)
3. 股票起源于17、18世纪欧洲的连年战争。(　　)
4. 世界上最惨痛的三次股市崩盘分别发生在英国、法国和中国。(　　)
5. 中国最早的股票交易是在茶馆进行的。(　　)
6. 1872年中国的金融危机是由于人们疯狂地购买股票。(　　)
7. 20世纪初中国的股市崩盘是由于发行、炒作橡胶股。(　　)

8. 梁启超认为中国的股市崩盘是由于缺乏相应的法律和制度。（　　）

9. 目前，中国的股市已经解决了 20 世纪存在的问题。（　　）

10. 中国目前的股市也应该进一步加强信托责任和法制建设。（　　）

二 根据课文，解释画线词语的意思

1. 我们对于证券市场的认识还处在童年期。

2. 中国人对于股票市场的理解，在很久以前就已非常到位了。

3. 一些国家开始发行战争债券，发行了以后还不起就开始打白条。

4. 南海公司从其他国家掠夺来的钱就是未来的宝藏。

5. 法国甚至禁止“银行”这个字眼达到 150 年之久。

6. 随着股份制潮流涌动，上海、北京、天津、广州、武汉先后掀起了设立交易所的热潮。

7. 但到了 1922 年，不知道他们哪一根筋不对了，陆续开始收回贷款。

8. 随着门庭若市迅速变为门可罗雀，无法维系的交易所纷纷破产。

9. 中国进入了证券交易的冰河期。

10. 英国人之所以以商雄踞天下，是因为信托责任强。

11. 我们也可能拟定一个法案，它的灵魂和美国 1934 年《证券交易法》的精神是完全一样的。

三 选择合适的成语填空

不可思议	倾家荡产	门庭若市	门可罗雀	发扬光大
火上浇油	不计其数	载入史册	雄踞天下	坚船利炮

1. 就在上周日，阿森纳主场对阵曼联的联赛，成为史上首场通过 3D 直播的体育赛事，酋长球场也因此被＿＿＿＿＿。

2. 大批购房团、美食团接踵而至，无疑给本在走高的本地物价＿＿＿＿＿，使本地居民增加了生存成本与生活负担。

3. 谁也没有想到，当年________的服装定制行业，如今竟成了夕阳产业。

4. 近 200 年来，随着________的攻打和大工业生产的舶来品的风行，西方的文化也成了强势文化。

5. 市内不少建材店铺________，一些门店甚至把大部分的灯光关掉，只开几盏必需的照明灯。

6. 生活中一些人之所以会一夜之间债台高筑、________，大都由赌博而起。

7. 如果你在网上搜索这两首歌的视频，除了原版的，也会找到________的搞笑版。

8. 这家公司在芯片领域________的主要原因之一就是公司的人才思想。

9. 对于中国选手郑洁和李娜同时跻身澳网四强，斯黛西也感到非常惊讶，她用“________”来形容中国选手的表现。

10. 品牌的提升和产业的壮大为新津茶文化的________、茶产业的兴旺发达奠定了坚实的基础。

四 选择近义词填空

运营—运作—经营	崩盘—崩溃	维持—维系
风潮—热潮	拟定—拟订	缺少—缺乏

1. 虽然禽流感尚未流行，但菲律宾仍________了系统的防控战略。

2. 英国内政大臣布伦基特 2 日宣布了英国正在________中的一系列新反恐法。

3. 从北京市地铁________公司获悉，目前已有 17 组 68 辆新车投入运行。

4. 宏观调控之下，中国一部分小型房地产企业面临“________”危险。

5. 我们全家四口人的生活基本上就是靠爸爸一个人的工资________着。

6. 颜色是人类生活不可________的一个部分。

7. 如果两个人感情好，根本不需要用结婚证书来________。

8. 正如大多数人想象的一样，24 日晚，在听到这个噩耗以后，我的精神彻底________了。

9. 因不是科班出身而一直进不了主流摄影圈，影楼一直惨淡________。

10. 新世纪的长江三角洲地区到处涌动着改革开放、加快发展的________。

11. 目前，英国生物技术业近三分之一上市公司的资金不足维持两年的________，一些小公司更是入不敷出。

12. 能成为他的助手，我非常兴奋，也有些诚惶诚恐，生怕自己由于________工作经验在他面前丢丑。

13. 近年来，建造购物中心的________在各地持续高烧不退。

14. 信用是市场经济的黄金法则，是现代社会体制赖以________的“基石”。

15. 该文件对上海合作组织的宗旨、组织结构、________形式、合作方向及对外交往等原则作了明确阐述。

五 用指定的词语完成句子或对话

1. 关于这个问题，________________________________。（到位）

2. 政府明确规定________________________________。（打白条）

3. A：你觉得这次新拍的《红楼梦》会有哪些变化？

   B：________________________________。（赋予）

4. A：最近市面上假冒我们公司的产品特别多。我们该怎么应对呢？

   B：________________________________。（拟定）

5. A：你们公司和大通公司的合作问题谈得怎么样了？

   B：目前来看，________________________________。（一头热）

6. A：最近有消息称女明星爱丽结婚了。你听说了吗？

   B：________________________________。（炒作）

7. A：你怎么跟一个陌生人吵起来了？

   B：________________________________。（看不下去）

8. A：今年你们公司的销售情况怎么样？

   B：怎么说呢？________________________________。（低迷）

9. A：大为，我打算辞职不干了。

B：________________________________。（哪一根筋不对了）

六 模仿例句，写出新的语段

1. 时至今日，证券市场在中国经济中已发挥着重要的作用，同时也面临着种种挑战。（时至……，……已……，同时也……）

2. 实际上，中国人对于股票市场的理解，在很久以前就已非常到位了，也就是说，我们的经济方面的智慧不是在改革开放之后才开始积累的。（实际上……，也就是说……，不是……的）

3. 南海泡沫与法国的密西西比泡沫事件、美国1929年金融危机一起，被认为是历史上最为惨痛的三次股市崩盘，也被作为世界金融证券市场最为深刻的教训载入史册。（……被认为……，也被作为……载入史册）

4. 只要股票上市就去买，不管这个公司是做什么的，不问他的经营好坏，也不问赚钱没有，就一头热去买。（只要……就……，不管……，不问……，也不问……，就……）

5. 他认为律文毫无价值，条文粗糙得很，而且即使律文完善也不会实行。（……毫无……，……得很，而且即使……也……）

七 排列句子顺序

1. A. 28家创业板上市公司预计募资总额67.36亿元

   B. 实际募资规模为上市公司融资需求计划的2.3倍

   C. 根据万德数据统计，截至10月14日

   D. 按实际发行价计算，募资金额却高达154.78亿元

   (　　)(　　)(　　)(　　)

2. A. 如果我们相信那些投资银行为他们设定的融资规模是科学的话

   B. 众所周知，很多中小企业在发展过程中一直备受资金匮乏的困扰

   C. 那么一倍多的超募资金带给它们的未必不是累赘

   D. 上创业板对它们的发展肯定是有大大的好处

   E. 甚至会产生破坏力，尤其是这些中小公司

   (　　)(　　)(　　)(　　)(　　)

3. A. 中国资产价格市场的种种变化与中国的经济刺激政策释放出的巨量货币不无关系

   B. 当面临着再度上升的通胀阴影

   C. 由此再度催生了一次暴涨与暴跌，亿万财富在几月间膨胀转而消失

   D. 普通老百姓着实无能也无力保护自己的储蓄不被通胀吞噬

   E. 获利丰厚者只是少数，而被席卷当中亏损累累者却是绝大多数

   (　　)(　　)(　　)(　　)(　　)

4. A. 所考察的企业与所访问的个人

   B. 但对于明年经济形势的预测，欧洲专家们相对乐观

   C. 因为许多迹象表明欧洲经济可能在今年触底，明年开始稳步回升

   D. 最近一段时间在欧洲游历

   E. 无一不谈及金融危机的影响仍然持续

   (　　)(　　)(　　)(　　)(　　)

5. A. 但其坚实的经济基础和完备的社保体系却可以有效地缓解金融危机的冲击
   B. 没有出台大型的基建设施建设计划
   C. 因此会在经历相对缓和的经济衰退后很快调整
   D. 欧洲没有大规模地推行激进的经济刺激政策
   E. 重新进入经济增长的轨道
   (　　)(　　)(　　)(　　)(　　)

6. A. 至1月31日，已通过证监会发审委审核但尚未上市的企业数量累计达95家
   B. 12家企业已确定申购时间
   C. 1月份在证监会力促股市扩容的基调下
   D. 其中10家企业正在进行或已完成申购工作
   E. 新股发审工作加速
   (　　)(　　)(　　)(　　)(　　)

八 综合填空

证监会__1__，这些超募资金不可以挪作炒股，只能存在专有账户里，而且存期不可超过半年。我们可以想象一下，这些超募资金对于这些中小公司来说只有两个__2__：把这些钱投到主业里，或者投资到其他产业。

如果投资到其他行业，我很难想象一个在自己主业里都还需要尽快长大的企业，它怎么会有能力__3__其他的产业，也无法提供多样化的人才。这可不像大企业有足够的承载力，甚至是产业互为关联。就连它的领导人也还需若干年后才可能培养出多元化企业的领导才能。

如果把这剩余的资金__4__到主业——如果投行建议的投资额对这家企业的发展节奏以及发展速度是科学的，那么迅速加大企业__5__步伐以及用资金加速推动企业发展，那毫无疑问将要__6__这家企业的发展节奏，同样会带来很大的__7__。

__8__，如何利用好超募资金是这些创业板企业狂欢之后面临的最大问题。而如何监管好这些超募资金的应用则是监管层要__9__考虑的问题。要知道，过去十几年，

中国证券市场上市公司 70% 的超募资金的使用都出了问题。创业板这种更小的公司，出问题的概率__10__更大。

1. A 要求	B 拟定	C 规定
2. A 用处	B 好处	C 用途
3. A 承担	B 承载	C 负担
4. A 投入	B 分配	C 投靠
5. A 增长	B 扩展	C 扩张
6. A 扰乱	B 打扰	C 打乱
7. A 伤害	B 损害	C 损失
8. A 因为	B 因此	C 由此
9. A 重点	B 重要	C 主要
10. A 当然	B 显然	C 固然

九 成段表达，500字以上

1. 搜集资料，简单介绍中国股市的现状。
2. 结合你的观察和思考，谈谈证券或股票对经济发展的作用。

十 阅读短文，回答问题

当你思考未来的金融稳定问题的时候，你可以问自己一个超出常规思维的问题：那些邪恶的、被认为是金融世界中的恶棍的对冲基金，为什么反而相对平安地度过了去年的经济危机呢？

在危机爆发时，曾有很多人预言，那些受到监管的银行所遭遇的崩溃，也将发生在对冲基金身上，那些富有的对冲基金客户所投入的大笔资金将损失惨重。后来，的确有一些对冲基金破产了，但整个行业并没有像预言所说的那样陷入灾难。这是为什么呢？原因之一是，对冲基金依然要遵守古老的资本主义规则：在你山穷水尽的时候，没有人会拯救你。所以，这些对冲基金的经理虽然不受监管，但他们反而比受到监管的企业经理更为谨慎。

这是一个与思维定式相反的经验，而9月底在匹兹堡参加20国集团会议的各国财政部长和央行行长也注意到了这个经验。他们开始注意到，要想让银行家的行为更负责任，就应该把对他们的经济激励机制变得和对冲基金的经理一样：要与企业在一定程度上共荣共损，并将他们的个人价值与长期的经营业绩挂钩。

对冲基金经理对社会的贡献并不大，但他们却能赚很多钱。我确实希望他们的薪酬能降低一些，变得和教师等职业差不多。然而，这些交易者虽然不受监管，但毕竟他们要自负盈亏。从这个意义上说，他们是受到了投资者的“监管”。如果对冲基金经营不善，濒临破产，它们可不能像花旗银行或美国银行那样排队等待纳税人的救援。

一位在20国集团会议上积极参加辩论的欧洲央行官员说：“我们为大银行创造的体系是荒谬可笑的。那些银行家根本就不用好好经营，一旦有了问题，统统由社会来埋单。我们应该建立一种新体制，以让银行家知道，乱来是不行的。”

为了明白对冲基金业为什么没有在去年的危机中崩溃，我们来看看一个名为“对冲基金情报”的组织搜集的一些数字。这些数字表明，在2008年，美国对冲基金的平均亏损为12.7%，虽然也很严重，但要低于其他公司，例如标准普尔500成分股公司的平均亏损为38.5%，银行的亏损就更高了。

当然，由于决策失误或者投资者决定撤出资金，一些对冲基金受到了惨痛打击。根据“对冲基金情报”的调查，去年一年有500家对冲基金消失，但对于总数为7000家左右的对冲基金业而言，这并不是一个很大的数目。

对冲基金业之所以获得了拯救，是因为他们早在10年前就遇到过一次生死攸关的危机，即1998年的“长期资本管理公司”破产风波。在那之后，对冲基金的投资者变得更加谨慎，向它们提出了更严格的要求。结果是，在过去的10年里，向来被认为散漫不羁的对冲基金，其实是比较收敛的，其杠杆化的程度要低于许多银行。

要了解本次危机之前的银行陷入了多么狂热的放贷潮，只要看看一些瑞士大银行的保密财务数字就行了。瑞士银行一度以稳健审慎闻名于世，但在过去的12年里，最大的两家瑞士银行的负债率从90%提高到了97%，也就是说，资产与债务的比率为3：97。瑞士大银行的交易账户更是大量使用借款。一项研究表明，到2006年为止，瑞士大银行的交易者的借款额达到了其资本额的400倍，这要比对冲基金的平均杠杆率高大约100倍。

在匹兹堡，20国集团的领导人已经在努力整顿金融秩序。我的担心是，那些政治家将把太多的希望寄托在监管上，但很明显的是，监管机构并未阻止2008年经济危机的爆发。对于企业而言，最好的约束不是监管，而是传统的市场约束，就是要让金融交易者明白，如果他们冒险过度，给企业酿成大祸，他们自己也会承担巨大的损失。

政府要实施的金融改革，就是要让金融机构为自己的错误承担责任。例如，应当要求那些发行抵押贷款支持证券的银行持有一部分自己发行的证券，以确保它们对损失承担一定的责任；当银行为其高管制定薪酬方案时，应当要求它们的董事会采取对冲基金业的“惩罚性薪酬”的做法，也就是说，在发生严重的亏损时，应当要求高管退还一部分之前领取的高薪。其背后的原因，正如一位白宫官员所说的，就是要“克服那种只顾眼前、不顾长远的短视行为”。

让那些富有的银行家享受社会主义待遇的做法，已经引起了极大的公愤。我们应该强调一下自负盈亏的概念了。

（根据大卫·伊格内休斯发表于美国《华盛顿邮报》的文章改写，赵信译）

1. 解释词语

（1）山穷水尽

（2）共荣共损

（3）统统

（4）散漫不羁

2. 回答问题

（1）人们对对冲基金的评价怎么样？

（2）对冲基金为什么可以躲过金融危机的冲击？

（3）政府实施了什么样的金融改革？

（4）作者认为，金融危机的产生和什么有很大的关系？

3. 给短文加一个合适的题目

4. 用 100 个字概括短文的主要意思

小组任务

三个题目任选一个：

一、查阅资料，说说你们国家股市的情况。

二、调查中国人对目前股市或股票的看法，并撰写调查报告。

三、结合一个具体的企业，谈谈企业上市的好处。

要求：

1. 每组报告的字数在 2000 字以上；
2. 小组各成员必须分工明确，每人负责报告的一部分；
3. 小组中必须有一人负责总结本小组的报告内容；
4. 报告时必须使用 PPT；
5. 报告要尽量模仿课文的篇章结构并使用本课学习的词语和表达结构。

第四课 房价攀升玄机

慕课视频

音频

预习提示

- 除了学费以外，谈谈你生活中各项开支的情况。
- 谈谈你所在的城市的楼市情况。
- 谈谈高房价会对经济和生活产生哪些影响。

课文

继上一轮房地产泡沫之后，当前国内一些大城市的房地产市场，又以令人瞠目结舌的房价新高，制造了更为可观的资本泡沫。

人们还记得深圳房价整体下跌超过 30% 的那场泡沫蒸发，大批炒房客沦为"裸泳者"，楼市震荡令人心悸。

如今，深圳又成为新一轮泡沫的领跑者。今年 9 月，深圳新房成交均价达到创纪录的 40230 元 / 平方米，较深圳官方公布的 2 月份 29110 元 / 平方米的低点，7 个月内房价上涨几近 40%。而深圳房价此前的历史最高峰是 6 月的 39900 元 / 平方米。这意味着，目前深圳房价已经超过房价巅峰水平。上海、南宁、长春等一些大中城市不甘落后，房价同样创出新高。据易居中国的数据显示，8月份，上海商品住宅成交均价达到了32713元/平方米，创出了历史新高。同时，国内一些二线城市的房地产价格也连创新高。而北京、广州、杭州等热点城市的房价经过今年年初以来的几轮飙升，目前也处于非常高的位置，离历史最高峰仅仅一步之遥。

深圳大学国际金融研究所所长国世平等专家认为，这些城市的房价有脱离经济基本面之嫌。首先，目前我国经济还处于复苏阶段，并未全面回暖，上半年GDP增长7.1%，而房价的增幅远远大于GDP的增长，呈现过热势头。比如，与今年1月的房价相比，8月深圳房价上涨64.3%，而现在深圳的出口、制造业等都很困难，还没有从危机中摆脱出来，整体经济形势很难支撑起如此高涨的楼市。其次，这些房价创出新高的城市，成交量普遍出现较大幅度萎缩。数据显示，8月深圳新房成交套数、面积分别为4114套、38.6万平方米，环比分别下降了约20%和25%，延续了今年5月以来的下滑走势。深圳市福田区8月更是出现了破天荒的15天零成交。北京也同样如此，8月期房网上签约套数为16015套，环比下降6%，期房住宅签约套数为11817套，环比下降8%。成交量的萎缩表明购房者开始认为房价过高，陷入观望。

全国的房价之所以能在当前经济仍在爬坡的时候创出历史新高，一个重要原因就是近期豪宅市场销售火爆。

数据显示，8月10日至16日这一周，深圳市新房成交均价达到了40132元/平方米，首度突破4万元大关。其中，东部华侨城天麓、纯水岸七期和幸福里雅居的成交量占6成以上，这些楼盘项目都是高端豪宅。目前北京别墅销售量正进入热销阶段。尽管7月并非传统的销售旺季，但在今年7月，北京市别墅销售套数为719套，比6月份上涨72.42%；

成交面积为25.06万平方米，比6月份上涨71.06%；成交总金额达39.85亿，环比上升62.45%。

这些高档楼盘在销售过程中无一例外打出的是“投资牌”，即所谓的“稀缺性”带来的投资价值是主要卖点。

深圳一家公司的行销总监蒋先生近期正在准备买房，在深圳看了不少楼盘。他说很多深圳的私营老板最近都在买房，一是因为受金融危机影响，工厂生意不好做，手上的资金无处可去；另外，出于防御通胀的目的，这些私营企业主都希望买房能够保值增值，他们把房子当作国外名车、名表、黄金珠宝一类的奢侈品来收藏。开发商正是看准了这种需求，此时推出大量豪宅项目发售。

对于当前由投资支撑的市场形势，受访的业内专家均表忧虑。未来货币政策有变向可能，一旦货币政策从紧，大批投资者手中的房子可能以比预期低的价格冲向市场，高位买房的购房者将会面临财富的损失，同时银行会积累巨大的风险。

在房价逆势上涨之时，多个城市土地拍卖中频频出现国企制造新“地王”现象，地价纷纷超过历史最高位。大规模出现的地价新纪录不仅短期内会拉动周边房价上涨，在未来多年内还会因自身成本过高而不断刷新房价纪录。

一些国企拿地不计成本，今年拍出的新“地王”可能会导致未来5至8年内房价成本居高不下。民营企业经过之前的泡沫后拿地普遍比较理智。其实国土部门的希望并不是土地价格越高越好，那样只会拖累一个区域房地产的健康发展。

国企四处购地、一掷千金的同时，引发上市房地产企业快速跟进，股市上出现新一轮融资扩张。事实上，土地市场和房地产市场都有潜规则。国有企业不怕地价高，因为资产在账上，拿到地就可以再去融资再去搞项目，这里亏损那里能赚回来。上市公司需要相应的业绩来维持股价，反过来又迫使开发商以更高的价格去追逐更多的土地。房地产上市公司进入一种“高地价→高股价→更高地价”的恶性循环。这种恶性循环除了制造房价上涨外，过多的资金沉淀在房地产业对宏观经济的损害也非常大。国企现在不差钱，上市公司可以圈股民的钱，但是地价和房价高企带来的巨大系统风险必将反作用于金融机构和股民，但最终埋单的还是老百姓。

高房价理应与高收入相对。然而中国的房价收入比是发达国家的3至6倍，房屋租售比（每平方米使用面积的月租金与每平方米建筑面积的房价之间的比值）超过400倍，而国际上公认的正常范围为200至300倍。目前，上海市已有13家楼盘销售价格突破10万元/平方米，杭州、苏州、南京等周边城市价格在5万元/平方米以上的项目比比皆是。这些都反映出房地产泡沫的严重程度。然而比泡沫本身更严重的，是我国缺少抑制泡沫膨胀的有效机制和社会动力。抑制房地产泡沫主要依靠政府对市场投机活动的抑制。新加坡、英国、瑞典等国均有卓有成效的措施抑制房价。我国一些地方片面理解“增加居民财产性收入”的政策，鼓励居民直接进行住房投资，将房地产作为社会投机工具使用，推高房价遂成为地方政府增加非税收入的基本途径，因而就一直缺少出台抑制房地产泡沫相关政策的社会动力，导致2006至2007年、2009年出现周期性的房地产泡沫。

专家们表示，资产泡沫总会破裂的，世界各国概莫能外。从美国发生的互联网泡沫和房地产泡沫情况看，泡沫持续的时间往往比人们预想的要长，但泡沫破裂的速度远远快于人们的预期。

众多城市房价创出新高，引来普通百姓一片怨言。一位网友很无奈地说：“大家口袋还有些钱的时候，北京、上海、深圳等标杆性城市的房价涨过 4 万元大关，金融危机下很多人没钱了，房价反而要涨破 5 万元，这不能不让人感觉有些黑色幽默。”

从宏观经济形势来看，今年前几个月我国经济“三驾马车”中的出口仍然是负增长，CPI 仍然下降，居民收入也没有得到太大改善。房价这种逆势创新高的走势，必然会对民生的改善产生较大挤压，可能会进一步触动贫富差距这根敏感神经，特别是近期豪宅热销、炫富式的广告、动辄几万元的售价、富裕阶层一次出手几千万，还可能会造成社会弱势群体的反弹。这种动向尤其值得关注。

（根据彭勇等发表于《瞭望》的文章改写）

1. 瞠目结舌		chēngmù-jiéshé	最近几年北京房价的上涨速度令人瞠目结舌。
2. 可观	（形）	kěguān	收入可观 / 效益可观 / 销量可观
3. 震荡	（动）	zhèndàng	股市震荡 / 剧烈震荡 / 窄幅震荡
4. 心悸	（动）	xīnjì	令人心悸 / 出现心悸
5. 领跑者	（名）	lǐngpǎozhě	这家公司凭借领先的技术成为该行业的领跑者。
6. 几近	（副）	jījìn	几近翻番 / 几近崩溃 / 几近 + 数字
7. 巅峰	（名）	diānfēng	事业巅峰 / 价格巅峰 / 达到巅峰
8. 不甘落后		bùgān-luòhòu	为了取得好成绩，同学们都不甘落后。

9. 飙升	（动）	biāoshēng	价格飙升 / 销量飙升 / 飙升 + 百分点
10. 一步之遥		yíbùzhīyáo	我们公司今年营收距离亿元目标仅一步之遥。
11. 回暖	（动）	huínuǎn	天气回暖 / 经济回暖 / 市场回暖 / 价格回暖
12. 势头	（名）	shìtóu	良好势头 / 发展势头 / 增长势头 / 强劲势头
13. 延续	（动）	yánxù	延续 + 时间段 / 延续……势头 / 走势
14. 走势	（名）	zǒushì	经济走势 / 价格走势 / 走势向好
15. 破天荒		pò tiānhuāng	这次考试，他破天荒地通过了。
16. 观望	（动）	guānwàng	陷入观望 / 观望气氛 / 观望态度 / 保持观望
17. 火爆	（形）	huǒbào	销售火爆 / 场面火爆 / 人气火爆
18. 旺季	（名）	wàngjì	销售旺季 / 需求旺季 / 旅游旺季 / 购物旺季
19. 稀缺	（形）	xīquē	稀缺资源 / 稀缺人才 / 稀缺产品 / 数量稀缺
20. 卖点	（名）	màidiǎn	最大卖点 / 核心卖点
21. 防御	（动）	fángyù	防御敌人 / 防御设施 / 积极防御
22. 奢侈品	（名）	shēchǐpǐn	越来越多的奢侈品品牌请中国明星做代言人。
23. 忧虑	（动）	yōulǜ	表示忧虑 / 深表忧虑 / 产生忧虑 / 令人忧虑
24. 从紧	（动）	cóngjǐn	政策从紧 / 适度从紧 / 持续从紧
25. 频频	（副）	pínpín	由于管理不善，公司的产品质量频频出现问题。

26. 拖累	（动）	tuōlěi	“脱欧”问题很大程度上拖累了英国经济的发展。
27. 一掷千金		yízhì-qiānjīn	为了得到这个项目，他一掷千金。
28. 融资		róng zī	融资渠道／融资方式／融资＋数字
29. 维持	（动）	wéichí	维持生活／维持现状／维持价格／维持秩序
30. 循环	（动）	xúnhuán	可以循环利用是环保包装的最大特点。
31. 比比皆是		bǐbǐjiēshì	乱停车的现象比比皆是。
32. 抑制	（动）	yìzhì	酒精会大大抑制大脑的反应速度。
33. 卓有成效		zhuóyǒu-chéngxiào	公司的新措施卓有成效。
34. 遂	（副）	suì	毕业在即，找工作遂成为大家热议的话题。
35. 破裂	（动）	pòliè	关系破裂／感情破裂／婚姻破裂／家庭破裂
36. 概莫能外		gàimònéngwài	互联网对世界产生了极大的影响，各行各业概莫能外。
37. 怨言	（名）	yuànyán	毫无怨言／一片怨言／一肚子怨言
38. 标杆	（名）	biāogān	标杆企业／标杆城市／树立标杆
39. 触动	（动）	chùdòng	触动利益／触动地位／触动心灵／触动人心
40. 炫富	（动）	xuànfù	炫富的社会风气会对孩子产生很大的负面影响。
41. 动辄	（副）	dòngzhé	老板最近动辄发脾气。
42. 反弹	（动）	fǎntán	引起反弹／大幅反弹／反弹＋百分点

语法

一、继上一轮房地产泡沫之后

“继……之后”连接一个在时间上具有先后关系的两个事件，是较为正式的书面用法。

例如：

（1）继成功举办2008年奥运会之后，中国又于2010年5月在上海举办了世博会。

（2）继连续三年销量翻番之后，我们公司又一举登上了全国销售冠军的宝座。

练习：

（1）____________，北京又于2020年举办冬季奥运会。

（2）____________，我们公司今年将继续推出第二代产品。

二、制造了更为可观的资本泡沫

“可观”，形容词，原意是值得观看，引申指达到了比较高的程度。

例如：

（1）2019年国内几大拍卖公司纷纷推出了文房专场，成交都比较可观。

（2）青奥会，毫无疑问给南京带来一笔颇为可观的“财富”。

练习：

（1）中国的互联网市场规模巨大，____________。

（2）这是一家知名企业的热门岗位，____________。

"可"是一个构词能力很强的语素。汉语里大概有两类：一是放在动词前，表示可以、值得的意思，有肯定的语气，如：可爱、可气、可恨、可恶、可怕、可怜、可笑、可惜、可见等；一类是放在名词前，组成形容词，表示适合，如：可口、可心、可身、可意。

三、大批炒房客沦为"裸泳者"

"裸泳者"，字面义是裸体游泳的人。在这里表示由于投资房产失败而变得一无所有的人。

例如：

（1）经过教育，傍晚在河里裸泳的人大大减少，但早晨的裸泳者仍占30%以上。

（2）在经济、政策、消费者和技术环境改变的情况下，很多缺乏应变力的大公司也成为了"裸泳者"。

练习：

（1）随着股市的崩盘，________________________________。

（2）即使是大企业，如果不紧跟时代的发展，__________________________。

"……者"表示某一类人。如社会工作者、投资者、创业者等。

四、深圳又成为新一轮泡沫的领跑者

"领跑者"字面义是跑在前面的人。后表示走在前列、处于领先位置的人或事物。

例如：

（1）在节能环保技术方面，我们公司是同行业的领跑者。

（2）要成为同行业的领跑者，必须在技术方面处于领先地位。

练习：

（1）经过多年的发展，＿＿＿＿＿＿＿＿＿＿＿＿＿＿＿＿＿＿。

（2）为了推动公司的发展，＿＿＿＿＿＿＿＿＿＿＿＿＿＿＿＿＿＿。

五、这些城市的房价有脱离经济基本面之嫌

“有……之嫌”，意为“有……的嫌疑”。是遗留的古汉语用法。

例如：

（1）她这次的代言，难免有讨好观众之嫌。

（2）泼墨门、分手等事件的接连曝光，有经纪公司炒作之嫌。

练习：

（1）这篇文章的结尾非常奇怪，＿＿＿＿＿＿＿＿＿＿＿＿＿＿。

（2）这家公司的产品与那家公司的产品非常相似，＿＿＿＿＿＿＿＿＿＿＿＿＿。

六、深圳市福田区更是出现了破天荒的 15 天零成交

“破天荒”意为非常罕见或不可能的情况发生或出现，略有贬义。

例如：

（1）这次考试，他竟然破天荒地通过了。

（2）公司终于扭亏为盈了，这是三年来破天荒的第一次。

练习：

（1）他常常迟到，今天却＿＿＿＿＿＿＿＿＿＿＿＿＿＿＿。

（2）我们的老板特别抠门，＿＿＿＿＿＿＿＿＿＿＿＿＿＿。

七、所谓的“稀缺性”带来的投资价值是主要卖点

“卖点”，意为商品最具竞争力、最吸引顾客的方面。

例如：

（1）加速快，动力足是该款汽车的最大卖点。

（2）公司的产品销量上不去的主要原因是产品的卖点不足。

练习：

（1）互联网时代，一个产品要想得到认可，________________________。

（2）你认为苹果手机最大的卖点是什么？

八、出于防御通胀的目的

“出于……”是表示从某一角度或方面出发，如“出于……目的”“出于……原因”等。

例如：

（1）出于安全的考虑，雨雪天气尽量减少出行。

（2）这次大规模的检查，是出于减少安全隐患的目的。

练习：

（1）________________________，我放弃了这次出国的机会。

（2）很多人选择这个品牌是________________________。

九、受访的业内专家均表忧虑

“均”，副词，意思是都、全，常和“已”“将”等副词搭配使用。多用于书面语。

例如：

（1）接受调查的人，对我们的产品均表示满意。

（2）会议的有关问题，均已安排妥当，请你放心。

（3）到今年年底，这三条高速公路均将建成通车。

练习：

（1）这次会议的规格很高，嘉宾________________。

（2）他的运气不太好，两次生意________________。

十、国企现在<u>不差钱</u>

“不差钱”意为不缺钱、不欠钱，来源于方言。现已经成为网络流行语。

练习：

（1）你们公司的办公楼太气派了，________________。

（2）很多机构积极游说我们公司上市，但________________。

十一、推高房价<u>遂</u>成为地方政府增加非税收入的基本途径

“遂”，副词，于是，就，一般用于书面。

例如：

（1）这种药的疗效非常显著，服药后疼痛遂止。

（2）不甘于自己悲惨的命运，广大农民遂揭竿而起，公开与秦王朝对抗。

练习：

（1）这款手机质优价廉，________________。

（2）春节快到了，公司________________。

十二、房价反而要涨破 5 万元

"反而"，副词，用于连接与预期或常理相违背的情况。

例如：

（1）吃了药，病反而更严重了。

（2）已是阳春三月，天空反而飘起了雪花。

（3）新年伊始，公司就给大家涨了工资，但广大职工反而更不满意了。

练习：

（1）这次考试比较简单，________________________？

（2）真的非常奇怪，产品价格提高了，________________________。

知识及术语

1. 环比（Annulus）

是指现在的统计周期和上一个统计周期比较。如 2020 年 7 月份与 2020 年 6 月份相比较称为环比。与历史同时期比较，例如 2020 年 7 月份与 2019 年 7 月份相比，叫同比（year-on-year）。

2. 期房（Forward Delivery Housing）

与现房相对，是指房地产开发商从取得商品房预售许可证开始至取得房地产权证大产证为止，所出售的商品房。消费者在购买期房时应签商品房预售合同。

3. 房价收入比（Housing Price-to-Income Ratio）

是指住房价格与城市居民家庭年收入之比。国际上通用的房价收入比的计算方式，是以住宅套价的中值，除以家庭年收入的中值。

4. 房屋租售比（Rental Sales Ratio）

是指每平方米使用面积的月租金与每平方米建筑面积的房价之间的比值。

5. 非税收入（Non-taxable Income）

是指除税收以外，由各级政府、国家机关、事业单位、代行政府职能的社会团体及其他组织依法利用政府权力、政府信誉、国家资源、国有资产或提供特定公共服务、准公共服务取得的财政性资金，是政府财政收入的重要组成部分。政府非税收入管理范围主要包括：行政事业性收费、政府性基金、彩票公益金、国有资源有偿使用收入、国有资产有偿使用收入、国有资本经营收益、罚没收入、以政府名义接受的捐赠收入、主管部门集中收入、政府财政资金产生的利息收入等。

6. 国民经济“三驾马车”（Investment, Export and Consumption）

指投资、消费和出口，是拉动经济增长的最主要力量。这是一种比较形象的说法。

7. 消费物价指数（CPI）

由与居民生活有关的产品及劳务价格统计出来的物价变动指标，通常作为观察通货膨胀水平的重要指标，即我们吃的、喝的、用的，与人民生活密切相关的消费品价格参考指标。

练　习

一　根据课文内容判断正误

1. 深圳房价整体下跌后，很多人去海边裸体游泳。（　　）
2. 北京、广州、杭州等热点城市的房价目前也已经达到了巅峰水平。（　　）
3. 深圳的整体经济形势还没有完全复苏，与高涨的楼市很不相称。（　　）
4. 由于房价越来越高，很多地方的人都开始疯狂买房。（　　）
5. 在整体经济还比较低迷的情况下，房价攀升的一个重要原因是豪宅的热销。（　　）
6. 高档楼盘在销售过程中打出的都是投资牌，但也有例外。（　　）
7. 土地拍卖中频频出现“地王”，这对房地产的健康发展很不利。（　　）
8. 地价和房价的高涨会带来很大的风险，这些风险要由房地产公司来承担。（　　）
9. 由于我国缺少抑制泡沫的有效机制和动力，导致出现周期性的房产泡沫。（　　）
10. 房价屡创新高，很可能会造成社会弱势群体的反弹。（　　）

二　写出下列词语的反义词

火爆______	弱势______	飙升______	萎缩______	旺季______
热销______	上涨______	防御______	从紧______	亏损______
逆势______	理智______	抑制______	短期______	稀缺______

三　根据课文，解释画线词语的意思

1. 大批炒房客沦为“<u>裸泳者</u>”。
2. 深圳又成为新一轮泡沫的<u>领跑者</u>。
3. 这些高档楼盘在销售过程中无一例外<u>打出的是“投资牌”</u>。

4. 一些国企拿地<u>不计成本</u>。

5. 这种恶性循环除了制造房价上涨外，过多的资金<u>沉淀</u>在房地产业对宏观经济的损害也非常大。

6. 北京、上海、深圳等<u>标杆性</u>城市的房价涨过 4 万元大关。

7. 这不能不让人感觉有些<u>黑色幽默</u>。

8. 特别是近期豪宅热销、炫富式的广告、动辄几万元的售价、富裕阶层一次出手几千万，可能会造成社会弱势群体的<u>反弹</u>。

四 选择近义词填空

支持—支撑	导致—致使—迫使	脱离—摆脱
控制—抑制	预期—预想	走势—势头

1. 没有全中国人民和世界各友好国家的________，抗击 SARS 疫情的战斗不可能这么快取得胜利。

2. 骄傲使人盲目自满，故步自封，自高自大，________群众，堵塞进步与成功的道路。

3. 这名老妇的幸存得益于________在她上方的一件家具。

4. 就是这次情感危机，直接________了我的学习成绩下降，以致让我高考时名落孙山。

5. 在混乱中，荀灌又率领勇士们飞马突奔，冲进了茂密的山林，________了追兵。

6. 由于经营管理混乱，________啤酒城连年亏损。

7. 为了适应整个社会的发展，必须严格________房屋建造成本。

8. 今年 1 月份价格总水平继续受去年末形成的上升________影响，预计一季度居民消费价格将呈温和上涨态势。

9. 这些营养丰富的糖化合物并没有像人们________的那样被细菌腐蚀。

10. 随着人体内酒精的增加，整个大脑受到________，人的反应就迟钝了。

11. 学生主动参加课堂活动，教学才能达到________的效果。

12. 荒漠化不仅造成贫困，而且________人们离开故土，造成严重而可怕的移民浪潮。

13. 自动售货机是________学生过多饮用碳酸饮料的最直接途径。

14. 医院方面表示，陈能鹰已________生命危险，应该很快就能康复。

15. 作为农产品出口的市场组织者，龙头企业________着山东外向型农业快速发展。

16. 3D 电影《复仇者联盟 4》的票房________之猛，好像“一列没有刹车的列车”。

五 给下列词语选择合适的义项，注意体会词语在特定领域的用法

泡沫：A、名词，聚在一起的小泡　　B、名词，比喻虚假的经济现象

1. 当中国楼市泡沫破灭之时，可能会出现灾难性后果。(　　)

2. 此工程主要设置了固定式手控泡沫炮、半固定式泡沫枪、消火栓灭火系统，灭火剂选用 3% AFFT 水成膜泡沫液。(　　)

3. 据专家介绍，泡沫多的洗衣粉并不一定就洗得干净。(　　)

4. 资产泡沫的可能性是中国经济复苏面临的主要风险。(　　)

出台：A、动词，演员上场　　B、动词，比喻公开出面活动
C、动词，（政策、措施等）予以公布或实施

1. 市政府最近出台了一系列医疗改革的措施。(　　)

2. 离开戏剧界 10 年之后，他重新出台演出了话剧《雷雨》。(　　)

3. 事情越闹越大，教育局局长不得不亲自出台劝说学生停止罢课。(　　)

4. 在新方案没有出台之前，我们还是按原计划去做。(　　)

标杆：A、名词，一种测量用的工具　　B、名词，榜样

1. 孙德良希望在中国第一化工电子商务领域之外，再打造几个标杆，第一个标杆，就是中服网络。(　　)

2. 听到孩子落水，他下意识地拔下一根倒桩时用的标杆跑了过去。(　　)

3. 自新天籁上市后，一举树立了国内中高级车“舒适主义”的标杆。(　　)

4. 他戴着棉手套，一手拿着白纸，一手扶着棱镜标杆，聚精会神地盯着路面。(　　)

触动：A、动词，接触到，碰到　B、动词，因某种刺激引起感情变化
C、动词，冲撞，触犯

1. 他不小心触动了暗藏的机关，结果当场毙命。（　　）

2. 如果我们单独在生产和消费两个环节做文章，不触动收入分配领域的核心改革，可能什么都不会变化。（　　）

3. 这个公司的崛起，已经触动了相关企业的利益格局。（　　）

4. 这一年，一件小事触动了他，让他痛下决心学习英语。（　　）

5. 一说起三聚氰胺，就会触动国人那根痛恨的神经。（　　）

出手：A、动词，销售、脱手　B、动词，往外拿（财物）
C、名词，开始做某件事时表现出来的本领

1. 我跟他才下了几步棋，就觉得他出手不凡。（　　）

2. 积压了一年多那批货终于出手了。（　　）

3. 由于对方急于出手，所以这批商品的进价特别低。（　　）

4. 别犹豫了，该出手了。（　　）

5. 这个人，向来出手大方，其实并不是很有钱。（　　）

6. 他一出手就成千上万，这怎么得了。（　　）

六　选择合适的成语改写句子

心有余悸　瞠目结舌　比比皆是　不甘落后　概莫能外　卓有成效

1. 上课的时候我开小差，老师突然让我回答问题，我一时不知道说什么好。

____

2. 目前北京的房价非常高，很多楼盘的售价都超过了 10 万元。

____

3. 农村再好，无法阻挡年轻人奔向城市的步伐，日韩等发达国家也是如此。

____

4. 到目前为止，中国国际救援队在当地开展的工作是很不错的，受到国际媒体的普遍赞誉。

____

5. 继中国承诺向非洲国家提供100亿美元优惠贷款后，印度也表现积极，甚至表示要超越中国。

____

6. 提起当年令人闻风丧胆的“熊猫烧香”病毒，广大网民仍然非常害怕。

____

七 排列句子顺序

1. A. 更是中央政府首次在文件中正式提出，“土地出让收益可用于中央配套资金”
   B. 将“土地”又一次推上了担当救赎的要位
   C. 财政部“各级政府土地出让收益等收入，可用于地方政府筹集配套资金”的告知
   D. 这不仅是中央政府第三次督促地方政府配套资金到位
   (　　)(　　)(　　)(　　)

2. A. 但另一个客观存在的事实是
   B. 从房地产持续的成交热度，以及各方“地王”交错登台的情况看
   C. 自1994年分税制以来，“财权上收，事权下放”已成不争之实
   D. 地方政府的作为空间，逐渐倾向于“卖地换钱”，以补足公共开支所需资金
   E. 土地资本溢出的富足，令人注目
   (　　)(　　)(　　)(　　)(　　)

3. A. 而从1998年我们开始欢呼住房从管制走到放开，由市场供应的那一刻
   B. 就开始变得模糊
   C. 住房到底是福利品，还是消费品
   D. 在1998年之前，住房问题是没有任何争议的，就是福利分房
   (　　)(　　)(　　)(　　)

4. A. 因为与此选择相应的
   B. 我们必须明确，到底要哪一种模式
   C. 无论是选择国家干预式的福利供给
   D. 是土地供应模式、市场交易制度、保有转让制度等的设立
   E. 还是自由经济下的分层级供应
   (　　) (　　) (　　) (　　) (　　)

5. A. 在市场经济机制下出现高速发展的同时房价持续高涨就是再自然不过的事了
   B. 反之，房价持续高涨使房地产业利润空间大，对投资者有更大吸引力
   C. 只要经济发展快，人民收入提高快，富裕阶层特别是中等收入阶层壮大，房地产供不应求
   D. 从而又进一步促进房地产业高速持续发展，这也是再自然不过的事
   (　　) (　　) (　　) (　　)

6. A. 而沿海地区大城市，更是全国先富裕起来的人们争选的居住地
   B. 像上海、北京、深圳、杭州、苏州等国际性城市，还必须考虑到经济全球化的因素，全世界企业争先到中国来发展
   C. 一般说来，一个地区先富裕起来的人们总是移居到该地区的中心城市，如省会城市
   D. 而来中国工作的人们和在中国赚了钱的外国人、海外华人，自然增加了对这些城市房地产业的需求
   E. 所以，这些地区房地产业持续高速发展更应慎言泡沫问题
   (　　) (　　) (　　) (　　) (　　)

八 成段表达，500字以上

1. 调查你所在城市近期商品房的销售情况，写一份调查报告。

2. 你认为你所在城市的房地产市场存在泡沫吗？说说你的理由。

3. 根据国外的一些经验和教训，你认为你所在城市的房地产市场应该如何发展？政府应采取什么样的措施？

九 阅读短文，回答问题

中国房地产业正处在一个十字路口，已成为关系到中国经济发展乃至中国命运之大事。关于中国房地产业发展的争论已经六七年了，通过实践检验是应该有个比较准确结论的时候了。我愿贡献浅见，供决策者兼听。

首要之事，应是对现代房地产业有一个正确的基本认识，从而才能政策有据，投资有方。

1. 房地产业是可持续的支柱产业。

不仅德、日、韩各国战后从废墟中的复兴证明了这一点，就是美国和欧洲现代化全进程也提供了有力的佐证。时至今日，有二三百年历史的美国房地产业火热依旧。根据2005年的资料，美国136个大都市中有66个房价飙升10个百分点以上，并正由沿海大都市向内陆各州推进。十几年来，英国经济连续增长，购房供不应求，房价涨速超过10%，最近三年更超过20%。中国现代化建设也必然遵循这个规律。

首先，从社会需求看，理由有三：

（1）现代化的根本标志是工业化，进而信息化，第三产业逐步成为主体。而无论是工业、商业还是现代服务业的发展，无不伴随着大量房地产的建设。

（2）现代化另一个根本标志是人民生活水平提高。在解决温饱之后，安居总是首先提到日程上，安居才能乐业。人民生活上一个台阶，又上一个台阶，房地产建设也必然呈台阶式持续提升。现代化人民生活提高的一个重要特征是中等收入阶层不断增加，成为社会主体。而成为中等收入阶层的一个重要标志就是拥有一座100到300平方米左右的现代化住房。

（3）现代化还有一个根本标志就是城市化，农村人口要逐步减少到10%乃至5%以下。大量农村人口逐步进城，必然促进房地产业持续发展。

中国现代化是一个相当长时间的历史进程，因此，房地产业必然是持续整个历史时期的支柱产业。

其次，从产业本身看，理由有四：

（1）房地产业是一个具有高度辐射力的产业。它的关联产业有金融，钢铁、水泥等建材，木材及家具、装修，家电等，乃至文化艺术品等一系列产业，有资料称达42

个之多。以钢铁而言，房地产用钢铁约占钢铁市场的15%左右，其他建材就更是高达70%至80%，而家具、家电就可说是100%了。

（2）房地产业是一个资本、技术和劳动力都密集的产业。资本自不待言。智能化住房凝聚着极多的高新技术。劳动力密集更使它成为社会就业的大产业，当前中国房地产业仅建筑工人就达3500万人，成为农民工进城的一个主导就业领域。这在工业化向信息化、知识化转轨中，对低文化劳动者就业具有尤其重要的作用。

（3）房地产还是消费性产业。住房需要不断维修与更新，使其产业具有可持续性。随着人民消费水平的提高以及科学技术革命性的变化，总伴随着一次又一次房地产业更新的大潮。三十年前农村住房是草房或陈旧瓦房，城市住房有公用的厨房、厕所和盥洗室就已满足，现在农村是二三层楼的水泥房，沿海地区现代别墅式洋房也相当普遍了，城市住房讲的是独居的煤卫俱全、主卧客卧、餐厅、大客厅了，这是我们这一代中国人当年做梦也梦不到、现在却亲身经历的事。当前智能型、节能型、人文型房产崛起，在发达国家掀起了新一轮房地产热。

（4）房地产是人文关怀的产业。人与自然的协调、人们生活的人文质量等都与房地产建设密切相关。如果在工业化阶段还不突出，那么在后现代化即信息化、知识化发展阶段，就越来越重要了。它也将成为房地产不断更新和持续发展的重要依据。

由此可见，全社会必须高度重视房地产业，如实地把它作为现代化可持续发展的支柱产业来建设。

2. 现代房地产业是重要的投资性产业。

这是市场经济的必然。作为一种特殊的耐用商品，当然可以买卖，就包含了投资性。同时，它也是劳动者资本的必然。当生产力相当发达之后，劳动者收入在日常家庭消费之后尚有存余积累，形成了劳动者资本。劳动者资本的有效出路是社会的重大课题。愚昧消费、腐化消费（如吸毒、嫖赌等）都是败坏社会进步和经济发展的。如果长期存入银行，则会因为通胀而徒然减值。投资股市，风险太多。因此，购房既能提高人民生活质量又促进经济、社会发展，应是劳动者资本的基本出路。同时，作为不动产也是劳动者资本保值增值的正当而有效的途径之一。这就为资本投资提供了一个广阔而持续的市场。特别在中等收入阶层形成与壮大的过程中，房地产业起到相当大的特殊作用。不仅住房自有是中等收入阶层的标志之一，而且可以通过自己少量资本的投资，实现比较稳固的中等收入阶层地位。众所周知，形成强大的中等收入阶层是社会稳定与和谐的基础。所以，房地产业作为投资性产业，对于社会主义经济发展、社会稳定与和谐，都具有十分重要的意义，从某种意义上讲，它应是社会主义产业结构的一个重要特征。

当然，正如任何投资活动总是不可避免地出现某种投机行为，对房地产的操纵性投机对经济和社会都不是积极力量。应该通过健全市场经济法制将其降低到最低程度，但绝不能倒洗澡水连小孩也倒掉。

3. 现代房地产业是促进社会持久稳定的产业。

二十世纪“按揭购房”是一项伟大的发明。年轻人不仅可以从青年起就享有自己的现代文明的居所，同时为了偿还十年二十年的按揭银行贷款，他们必须勤奋努力地工作，为自己也为社会创造财富；他们也必然最大限度安分守己地工作，不敢违法或有过激行为，从而促进了社会持久稳定。二战后西方资本主义社会日趋稳定，“按揭购房”普及化是一个重要因素。

应该指出，房地产还是现代养老保险投资的重要途径。且不说国家社保机构等对房地产投资，就以个人投资而言，如果年轻时在市区按揭200万元住房，等到支付按揭完毕，房屋价值已涨至400万元，等老年退休时已增值600万元或更多，就可卖出，再到郊区或回乡购买300万元住房，差额300万元就是养老金了！这在西方经济发达国家已相当普遍。毋庸讳言，可靠的充足的养老保险是社会和谐和稳定的重要保证。

当然，最重要的还在于，现代房地产业在相当大程度上促进和巩固了中等收入阶层的崛起和发展。众所周知，中等收入阶层成为社会主体，不仅是社会主义“各尽所能，各取所需”达到共同富裕的必然，而且也是社会和谐和持久稳定的人本基础。

（根据刘吉发表于《经济观察报》的文章改写）

1. 解释词语

（1）辐射力

（2）自不待言

（3）徒然

（4）按揭购房

（5）安分守己

（6）毋庸讳言

2. 回答问题

（1）为什么说房地产业是可持续的产业？哪些地区的发展可以证明这一点？

（2）与股市相比，投资房产有哪些优势？

（3）“但绝不能倒洗澡水连小孩也倒掉。”这句话是什么意思？

（4）作者认为房地产业对社会发展有哪几方面的意义？

3. 用 100 个字左右概括短文的主要意思

4. 谈谈你对短文的看法

小组任务

两个题目任选一个：

一、调查你所在城市房屋租赁的情况，并写一份调查报告。

二、谈谈你对房地产业发展的看法。（结合某一地区或国家的具体实例来谈。）

要求：

1. 每组报告的字数在 2000 字以上；
2. 小组各成员必须分工明确，每人负责报告的一部分；
3. 小组中必须有一人负责总结本小组的报告内容；
4. 报告时必须使用 PPT；
5. 报告要尽量模仿课文的篇章结构并使用本课学习的词语和表达结构。

第五课

“中国制造”新名片——中国高铁

音频

预习提示

- 你在中国乘坐过高铁吗？觉得怎么样？
- 说说中国高铁的发展会为中国带来哪些变化。
- 查阅资料，谈谈中国高铁发展迅猛的原因。

高铁是我国的新四大发明之一，以其行驶速度快、买票方便、乘坐舒适安全、用户体验好等一系列优点成为人们出门旅行的最优选择。一条条高铁线遍布全国，将一个个地区、一个个省份连接了起来，极大地方便了人们的出行，也大大地缓解了人们的出行压力。

2008 年 6 月 24 日 8 时 54 分，“和谐号”发车，15 分钟后速度达到了 394.3km/h。这是一个历史性时刻，在我国自主设计建造的线路和国产动车组上，中国轨道交通时速最高纪录由此诞生，这也意味着中国正式跨入高铁时代。“和谐号”创造的这个最高时速比德国、法国的高速列车还要快60公里，比日本的新干线快80公里。而2017年6月25日，中国高铁家族又添新成员——“复兴号”！“复兴号”是我国具有完全自主知识产权的中国标准动车组，它的成功研制生产，标志着中国的铁路成套技术装备，特别是高速动车组已经走在世界先进行列。时速486.1公里——这是目前为止地球上的火车所能跑出的最快时速。曾经落后世界潮流30年的中国铁路装备制造业，正在以“中国速度”震撼着整个世界。2008年8月1日，我国第一条设计时速350公里的高速铁路——京津城际铁路——开通运营。10年后，中国高铁里程已经达到2.5万公里，成为世界上高铁里程最长、运输密度最大、全网运营场景最复杂、商业运营速度最快的国家。截至目前，中国高铁已累计运输旅客83亿人次，完成旅客周转量2.74万亿人公里，成为大多数旅客出行的首选。

尤其近几年来，中国高铁发展进入高速扩张阶段。除了国内的大规模建造铺开之外，中国高铁在国外也取得不少订单。日前，相关部门又指出，到2020年，我国要基本建成安全、便捷、高效、绿色的现代综合交通运输体系，部分地区和领域率先基本实现交通运输现代化，而高铁将覆盖80%以上常住人口超过百万的城市。这样的速度可以说世界上任何一个国家都望尘莫及。从“零的记录”到跻身世界高铁规模之首，中国高铁事业的发展，记录了“中国制造”转型升级的追梦之旅。中国高铁已成为“中国制造”的一张亮丽名片而享誉全球。那么中国高铁为何能在短短10余年里一路赶超呢？

时间回溯到2004年。那一年，铁道部发布了“拟采购时速200公里的铁路电动车组，共计200列”的招标公告。这一消息极大地刺激了国际高铁巨头们的神经。据业内人士回忆，当时，包括德国西门子、法国阿尔斯通、日本川崎重工和加拿大庞巴迪在内的国际名企都参加了竞标。

竞标的过程充满悬念和戏剧性。凭借国际大佬的地位，德国西门子向中国开出了“天价”转让费：每列原型车的价格为3.5亿元人民币，而技术转让费更是高达3.9亿欧元，相当于39亿元人民币。此外，西门子对标书的不响应之处也多达50余项。然而事实证明，西门子显然犯了经验主义错误，此时的中国，早已不是30年前的中国了。他们做梦都没有想到，中国人会不买他们的账——竞标首轮，西门子便被无情地扫地出局。最终，识时务的日本、法国、加拿大公司中标，德国西门子铩羽而归。西门子在中国的出局直接导致其股价大跌、谈判负责人引咎离华，在华谈判团成员全部被撤职。

没有谁会对中国市场视若无睹。一年后，西门子重整旗鼓，再次杀回中国，这一次，他们的目标是铁道部第二轮时速300公里以上动车组的竞标。面对中方给出的更加“苛刻”的竞标条件，西门子不仅将关键技术悉数打包进标书，技术转让费也从上一轮的3.9亿欧元降到了8000万欧元，并无条件接受中方的技术转让方案和价格方案。最终，西门子成功跻身中国高铁产业，并开始了和唐山轨道客车有限公司的合作。

对于这个业内流传甚广的故事，时任铁道部新闻发言人王勇平表示，中国高铁的最大优势在于只有铁道部一个“进口”，没有内部恶性竞争，铁路机车车辆制造企业形成“拳头”，在与国际高铁巨头谈判时稳握了主动权。

2004至2006年是中国大规模引进高速列车技术的时期。这期间中国高铁主要是从加拿大的庞巴迪、日本川崎、德国西门子和法国阿尔斯通四个外国企业购买了四个车型及相应的技术转让。花费高额的技术转让费只是取得了所购产品的技术使用权利，也就是说，中方获得的是生产能力（对给定技术的使用方法），而不是技术能力（把这些技术开发出来的方法）。在这种情况下，如果引进是技术的唯一来源，那么中国铁路装备工业后来的发展路径就是按照外国车型设计来制造，并通过引进新车型来进行升级换代，中国高铁也将只能长期依赖国外的技术和产品，发展成为他们新的生产基地。

然而中国高铁并没有在技术引进上止步不前，而是对引进的新技术进行了消化、吸收和再创新。从2004年到2011年，中国的高铁研发在不到7年的时间内跨越了三个台阶：第一个台阶，通过引进、消化、吸收再创新，掌握了时速200至250公里高速列车制造技术；第二个台阶，自主研制生产了时速300至350公里高速列车；第三个台阶，中国铁路以时速350公里高速列车技术平台为基础，成功研制生产出新一代CRH380型高速动车组。目前，CRH380A已经通过美国的知识产权评估。这表明，CRH380A的技术完全是中国的自主产权，而且已经超过了日本的新干线技术。

对于中国高铁取得的巨大成就，时任科技部部长万钢说："高铁的创新是举国力量办大事，这使中国用不到7年的时间走完其他发达国家三四十年的研发之路。这是一场高铁的技术革命，更是一场中国科技体制创新的革命。"

未来，中国将率先建成世界上最发达完善的高铁网，覆盖神州大地，将有更多的"复兴号"风驰电掣，相邻大中城市1至4小时到达、城市群0.5至2小时即可到达。"公交化"出行的便捷，"千里江陵一日还"的快速，中国高铁必将成为新时代人们出行的首选。

（根据张璐晶发表于《中国经济周刊》的文章改写）

1. 遍布	（动）	biànbù	遍布各地 / 遍布全国 / 遍布世界
2. 和谐	（形）	héxié	和谐共处 / 和谐社会
3. 诞生	（动）	dànshēng	随着电商的快速发展，又诞生了一个零售巨头。
4. 跨入	（动）	kuàrù	随着高铁的开通，我的家乡正式跨入了高铁时代。
5. 震撼	（动）	zhènhàn	今年春节的烟花晚会非常震撼。
6. 累计	（动）	lěijì	春运期间，我市累计发送旅客达 100 万人次。
7. 周转量	（名）	zhōuzhuǎnliàng	今年河北公路的货运量和货运周转量均有了很大提升。
8. 首选	（动）	shǒuxuǎn	高铁已经成为人们出行的首选。
9. 便捷	（形）	biànjié	这里便捷的交通和优惠的投资政策吸引了很多国外企业。
10. 率先	（副）	shuàixiān	公司新研发的全新电动汽车年底将率先在欧洲上市。
11. 覆盖	（动）	fùgài	这款路由器可以实现信号全覆盖，能很好地解决大房子多房间同时上网的问题。
12. 望尘莫及		wàngchén-mòjí	今年四川省春节旅游创收 580 亿元，广东省望尘莫及。
13. 跻身	（动）	jīshēn	跻身前列 / 跻身……行列
14. 转型	（动）	zhuǎnxíng	他的家乡成功实现了转型，从能源消耗村变成了国家级生态文化村。
15. 享誉	（动）	xiǎngyù	享誉海内外 / 享誉全国 / 享誉全球

16. 赶超	（动）	gǎnchāo	中国的手机技术已经赶超发达国家。
17. 回溯	（动）	huísù	回溯历史让我们可以得到很多有益的启发。
18. 招标		zhāo biāo	经理让我负责这个项目的招标工作。
19. 竞标		jìng biāo	真没想到这个项目的竞标如此激烈。
20. 悬念	（名）	xuánniàn	毫无悬念／充满悬念
21. 大佬	（名）	dàlǎo	这次大会，互联网大佬云集。
22. 出局		chū jú	淘汰出局／失败出局
23. 时务	（名）	shíwù	识时务／不识时务／识时务者为俊杰
24. 中标		zhòng biāo	在众多的竞标企业中，我们公司最终中标胜出。
25. 铩羽而归		shāyǔ'érguī	这次谈判，我们公司铩羽而归。
26. 引咎	（动）	yǐnjiù	引咎辞职／引咎下台
27. 撤职		chè zhí	他因为工作失误被领导撤职了。
28. 视若无睹		shìruòwúdǔ	很多学生对禁止吸烟的规定视若无睹。
29. 重整旗鼓		chóngzhěng-qígǔ	这次我们公司重整旗鼓，推出了新款手机。
30. 悉数	（副）	xīshù	这次晚会，众多喜剧明星悉数登台。
31. 打包		dǎ bāo	他把剩菜打包带回家。
32. 主动权	（名）	zhǔdòngquán	争取主动权／掌握主动权
33. 依赖	（动）	yīlài	过分依赖国外投资可能会带来一定的风险。
34. 跨越	（动）	kuàyuè	在董事长的领导下，我们公司实现了跨越式发展。
35. 评估	（动）	pínggū	我们公司的资产评估已经顺利结束。
36. 创新	（动）	chuàngxīn	技术创新是企业的重中之重。
37. 风驰电掣		fēngchí-diànchè	高铁风驰电掣地行驶着。

语法

一、以其行驶速度快、买票方便、乘坐舒适安全、用户体验好等一系列优点成为人们出门旅行的最优选择

介词结构“以其……优点／特点”的意思是“因为某些优点或特点，……”。常在句子中作条件状语，一般放在主语之后，谓语动词之前。

例如：

（1）这款手机以其质优价廉的特点吸引了大量的中低端消费者。

（2）“鹦鹉螺”800系列将以其170万人民币的天价、夸张的外形、不凡的气势、奇特的气流导管等与众不同的特点令音响发烧友们心醉神迷。

练习：

（1）公司的新产品________________受到了消费者的欢迎。

（2）这家公司________________成为行业的领跑者。

二、成为大多数旅客出行的首选

“首选”，意思是首先选中或优先选择。

例如：

（1）凭借良好的口碑和服务，格力空调成为很多中国家庭购买空调的首选。

（2）最受尊敬的职业不等于最热门，更不等于首选。

练习：

（1）由于商品品质有保障而且送货速度快，这家公司________________________________。

（2）这家餐厅环境优雅，服务到位，每次聚餐____________________。

三、中国高铁已成为“中国制造”的一张亮丽名片而享誉全球

“……而……”用来连接有承接关系的小句或短语，从而明确显示出“而”连接的小句或短语之间的顺承关系。

例如：

（1）生态工业的发展模式将取代现有传统工业的模式而成为21世纪工业发展的新模式。

（2）他完全靠自学和不断研究试验而取得了一项项的发明成果。

练习：

（1）经过多年的发展，我们公司在市场的占有率不断提高______________________________。

（2）这家公司凭借过硬的产品质量和优质的售后服务______________________________。

四、这一消息极大地刺激了国际高铁巨头们的神经

“刺激……的神经”表示引起了关注或重视。

例如：

（1）近期房价不断攀升的走势刺激了很多老百姓的神经。

（2）公司新改革的推行刺激了员工们的神经。

练习：

（1）股市的震荡______________________________。

（2）房价的不断攀升______________________________。

五、中国人会不买他们的账

"买账"意思是承认对方的长处或力量而表示佩服或服从，多用于否定句式，即"不买……的账"，表示不配合或不遵从。

例如：

（1）外界对于国际奥委会的这条项目引进标准似乎并不买账。

（2）出书已经成为一种时尚。不过，读者并不因为名人、明星就买账。

练习：

（1）为了提高销量，公司的促销力度很大，但________________________。

（2）________________________，必须在产品卖点上下功夫。

六、西门子便被无情地扫地出局

"出局"泛指在体育比赛中因失利而不能继续参加后一阶段的比赛，也指竞争招标、签订合同等失败。比喻人或事物因不能适应形势或不能达到某种要求而无法在其领域继续存在下去。"扫地出局"则很生动地描述了彻底出局的状态。

例如：

（1）本次世界杯，两个最大的夺冠热门法国、阿根廷早早就爆冷出局。

（2）如果佣金下调30%，将有三分之一的券商被淘汰出局。

练习：

（1）真没想到，这家知名公司______________________________。

（2）随着中国服装市场竞争的加剧，很多外国企业也________________________

____________________。

七、识时务的日本、法国、加拿大公司中标

“识时务”意思是能够准确地认清当前的重大事情或客观形势，否定用法为“不识时务”。“识时务者为俊杰”是常用的俗语。

例如：

（1）作为足球迷，我认为《足球之夜》是个“识时务”的专栏。

（2）他的做法显示出企业家的“识时务者为俊杰”的气魄。

（3）目前空调市场竞争已经趋于“白热化”，美菱这时候选择空调行业似乎有点儿“不识时务”。

练习：

（1）虽然他很有才华，但____________________而错失良机。

（2）说说你对“识时务者为俊杰”这句话的理解。

八、对于这个业内流传甚广的故事

“甚广”意思是非常广，汉语中“甚＋形”是一个很常用的结构，具有很浓的书面语色彩。“甚是＋形”的用法也很常见。

例如：

（1）家父同锦辉先生多年来相交甚欢。

（2）厂家至少会为每辆车搭上近万元的赔偿费用，“负担”甚重。

（3）误用的成语往往以讹传讹，“流毒”甚广，不能不引起我们的重视。

练习：

（1）我觉得两家公司的实力______________________________。

（2）没有促成这次合作，我______________________________。

九、铁路机车车辆制造企业形成“拳头”

“拳头”意思是手指向内弯曲合拢的手，这里的意思是车辆制造企业团结一致，像拳头一样形成合力。

例如：

（1）具体做法上，可以组建若干个大型外贸企业集团，实现跨地区、跨行业规模经营，形成出口主体的“拳头”。

（2）淮安不是缺少旅游产品，而是没有让其形成“拳头”。

汉语中的“拳头产品”一词，也是类似的用法，指的是优异的、有竞争力的产品。

例如：

（1）该公司出现亏损的主要原因是它的拳头产品在市场上遭遇了重挫。

（2）时代呼唤京剧拳头产品——优秀剧目的出现。

练习：

（1）为了提高公司的知名度，我们应该______________________。

（2）在目前的形势下，我们只有______________________才有可能出现转机。

十、“千里江陵一日还”的快速

“千里江陵一日还”是中国唐代伟大诗人李白所作诗歌《早发白帝城》中的一句，意思是千里之遥的江陵，一天时间就到了，形容船行速度之快。课文中作者借用这句古诗来形容高铁的速度之快，用得非常贴切，也让句子更有文采。

知识及术语

1. 中国新四大发明（Four New Inventions in China）

指的是高铁、扫码支付、共享单车和网购。这是2017年5月北京外国语大学丝绸之路研究院发起的针对“一带一路”沿线20个国家的留学生的民间调查的评选结果。事实上这四样没有一项是中国发明的，但由于中国在推广应用方面处于领先地位，对国外也比较有影响力，故而被误传。

2. 旅客周转量（Passenger-Kilometer）

是运送旅客人数与运送距离的乘积，以人公里（或人海里）为计算单位，是反映一定时期内旅客运输工作总量的指标，是制订运输计划和考核运输任务完成情况的主要依据之一。在实行客运单独核算的运输业中，是计算分析客运劳动生产率和运输成本的主要依据。

3. 招标（Invitation to Tender）、投标（Submission of Tender）

招标是一种常见的市场交易方式，指招标人（买方）事先发出招标通告或招标单，说明品种、数量和有关的交易条件以及规定的完成时间和地点，并邀请投标人（卖方）参加投标的行为。与招标相对应的是投标，是指投标人（卖方）应招标人的邀请，根据招标通告或招标单所规定的条件，在规定的期限内向招标人递盘的行为。多个投标者之间是竞争的关系，投标者之间的竞争行为称之为竞标，而最后被招标者选中的投标者即为中标。

4. 技术转让（Technology Transfer）

是指作为制造一种产品、采用一种工艺或提供一种服务的系统知识的技术从其所有人向引进人的转移。这种转移是在契约基础上，在一定的期限与地域范围内，将该技术产品或服务的制造权与营销权而不是所有权转让给引进人。

5. 知识产权评估（Intellectual Property Assessment）

属于企业资产评估的范畴。它是用来确定知识产权现在的价值和通过未来的效应所得到的价值。

一 根据课文内容判断正误

1. 高铁以其行驶速度快、买票方便、用户体验好、乘坐舒适安全，被列为中国的新四大发明之一。（ ）
2. “和谐号”是中国自主设计的动车组，它标志着中国进入了高铁时代。（ ）
3. 中国高铁目前只在中国市场发展很好，还没有走向国际市场。（ ）
4. 2020 年，高铁将覆盖 80% 以上的中国城市。（ ）
5. 西门子犯了经验主义的错误，认为中国很有钱，开出了“天价”转让费。（ ）
6. 西门子没有买账，所以最终没有中标。（ ）
7. 第二次竞标，西门子将关键技术进行了打包，同时也调整了转让费。（ ）
8. 外国高铁进入中国只能由铁道部来进口。（ ）
9. 中国高铁技术的引进和发展经历了三个阶段，目前已经处于世界前列。（ ）
10. 中国高铁未来将可以实现相邻大中城市 0.5 小时到 2 小时即可到达。（ ）

二 根据解释填写汉字

____盖	遮盖
____身	使自己上升到（某种行列或位置）
和____	和睦协调
____念	结果未知或无法预测
____职	撤销职务
回____	回顾、回忆
____数	全部、全数
依____	依靠别人而不能自立或自给

三 选词填空

铩羽而归	重整旗鼓	视若无睹	风驰电掣	望尘莫及
引咎	覆盖	遍布	悉数	享誉全球

1. 我们的毕业生很受欢迎，每届毕业生都被知名公司__________招走。

2. 她创造性的演技和浑然一体的艺术风格让后人__________。

3. 凭借新颖的设计和造型以及上乘的品质，意大利皮鞋一直__________。

4. 中国联通的手机信号好，地上地下均可__________。

5. 对于这个治理排污的“撒手锏”，很多单位却__________。

6. 如果贸然进入完全陌生的市场，搞不好就会落得__________的下场。

7. 他是一个职业赛车手，用__________来形容他的驾车恰如其分。

8. 这家公司的业务已经__________全世界100多个国家和地区。

9. 专家认为，与污染事件相关的所有官员都应当__________辞职。

10. 比赛失败后，他们没有气馁，而是__________，起用了新人，获得了宝贵的一场胜利。

四 熟读下列词语并扩展

1. 招标

________标　________标　________标　________标

2. 甚广

甚________　甚________　甚________　甚________

3. 跨入

跨________　跨________　跨________　跨________

4. 撤职

________职　________职　________职　________职

5. 打包

________包　________包　________包　________包

五 选择近义词填空

跨入—跨越

1. 人均 GDP________1000 美元的门槛，将是一个重要的发展起点。
2. 在新经理的带领下，这家公司的销售额实现了历史性________。
3. 面对国旗，刚刚________18 岁的 800 多名青年庄严地举起了右手。
4. 6 月 7 日，她的销售业绩成功________100 万元大关，成为湖北省第三位“百万英雄”。
5. 这个直到去年上半年还在亏损经营的公司，刚刚________新年便已连续盈利数百万元。
6. 我国首次派出的军用运输机________11 个国家，连续飞行了 27000 多公里。

发布—公布

1. 该公司的产品升级速度相对较快，有关信息将及时在网上________。
2. 国际审计准则的________，进一步提高了经济信息的流通性和可信性。

3. 公司将于 4 月 15 日________上一年度经营业绩报告。

4. 环境保护部今日________了环保专项行动督查发现的环境违法企业名单。

5. 在消费 IT 战略暨数码产品__________会上，联想明确制定了未来 5 年的数码战略。

大佬—巨头

1. 去年，中国连锁零售业__________华联超市已率先与物流方面颇有经验的外商合资成立了华联物流有限责任公司。

2. 去年，国内旅游界的两大__________中青旅游股份公司与长江轮船海外总公司悄然结盟。

3. 经过多年努力，该公司一举成为业内的________。

4. 今年 6 月 4 日，全球建材行业的跨国__________——法国拉法基集团与重庆水泥厂签订了合作协议。

路径—途径

1. 当你的合法权益受到侵害时，应尽早通过合法的________取得证据。

2. 根据台风的移动________划分为西路、东路和中路三类台风。

3. 农业标准化是实现农业产业化、现代化的重要________和手段。

4. 我们要积极对命题的原则、要求及题型结构进行分析，从而找到一条科学的、合理的解题________。

5. 在产品设计过程中，虚拟现实为设计人员提供了更为简捷的________。

6. 提高能源利用效率是解决能源和环境问题的最现实、最经济的________之一。

六 给下列词语选择合适的义项，注意体会词语在特定领域的用法

刺激：A、声、光、热等引起生物体活动或变化；事物对感觉器官的影响
B、推动事物发展，使其发生积极变化　　C、使人激动，遭受打击或挫折

1. 几十年来，经济学家们的眼光仅仅局限于寻找刺激增长的种种方法。(　　)

2. 美学家认为人们的审美天性是寻求新奇和刺激。（　　）

3. 身体的各种感受器官可以接收到春季的各种景色和刺激。（　　）

4. 这些话虽然是从一个醉汉的口中说出来的，却给了他一种痛心的刺激。（　　）

5. 进口变量系数为正，说明我国进口刺激了外商的直接投资。（　　）

6. 我今天受到了太多的刺激，心情一落千丈。（　　）

出局：A、在比赛中因失败而不能继续参加下一轮比赛
B、比喻人或事物不能达到某种要求或不能适应形势而无法继续存在下去

1. 1 月 1 日起我市强制实施 QS 食品安全认证，未通过认证的企业将会出局。（　　）

2. 贝利现在本垒，共三个球，两击未中他就得出局。（　　）

3. 曾经有人预言，我国彩电行业迟早会被世界淘汰出局。（　　）

4. 实在太意外了，夺冠热门人选王鹏已经出局，不能参加下周六的比赛了。（　　）

打包：A、把东西用某些材料包起来　B、把两个事物整合在一起，作为一个整体

1. 把不同种类的东西进行打包，可以起到意想不到的效果。（　　）

2. 虽然人们都已经认同了视频网络的收费模式，但打包销售的方式还是让许多人感到不痛快。（　　）

3. 很多人习惯把在饭店吃不完的饭菜打包带回去，从而很好地避免浪费。（　　）

4. 顾客只要喊一声“打包”，服务员就会将吃剩的菜用不同的一次性饭盒包装好。（　　）

七　用指定的词语完成对话

1. A：社会发展太快了，你觉得我们公司如何才能跟上时代的发展？

B：________________________________。（转型）

2. A：这次我们公司的竞标结果如何？

B：________________________________。（铩羽而归）

3. A：你怎么这么生气啊？

B：别提了，________________________________。（视若无睹）

4. A：你觉得两家公司的合作是否能够实现？

B：____。（苛刻）

5. A：我辞职以后，公司发展得怎样？

B：你离开公司是对的，________________________。（止步不前）

八 模仿例句，写出新的语段

1. 花费高额的技术转让费只是取得了所购产品的技术使用权利，也就是说，中方获得的是生产能力（对给定技术的使用方法），而不是技术能力（把这些技术开发出来的方法）。（……只是……，也就是说，……是……而不是……）

2. 在这种情况下，如果引进是技术的唯一来源，那么中国铁路装备工业后来的发展路径就是按照外国车型设计来制造，并通过引进新车型来进行升级换代，中国高铁也将只能长期依赖国外的技术和产品，发展成为他们新的生产基地。（如果……，那么……，并……，……也将……）

九 排列句子顺序

1. A. 近日，欧盟对中国在希腊和中欧之间铺设高铁出手阻挠

B. 这也使得匈牙利有可能背上违背欧盟有关国家采购规则的“罪名”

C. 阻挠的理由是匈牙利没有对该铁路进行公开招标

D. 实际上，欧盟是担心中国企业会借机进入欧洲重要的心脏国

（　　）（　　）（　　）（　　）

2. A. 欧盟的发难便充分说明了这一点

B. 原本引以为豪的效率和技术优势

C. 在政治、经济的双重门槛下，中国高铁“走出去”的市场远非想象中广阔

D. 也常因水土不服而难以为继

（　　）（　　）（　　）（　　）

3. A.一方面在资金、建设上需要中国合作

B. 欧盟的心态显得很矛盾

C. 另一方面又害怕中国通过基础设施建设介入影响

D. 对于中国在欧盟市场的首个高铁项目

（　　）（　　）（　　）（　　）

4. A. 美国就曾突然单方面撕毁跟中国达成的高铁合同

B. 原因主要是中铁国际公司无法获取美国政府的必要授权

C. 早在2016年的6月份

D. 美国的这一做法在中国引起了轩然大波

（　　）（　　）（　　）（　　）

十 阅读短文，回答问题

近年来，随着中国政府“一带一路”倡议的推出和实施，“高铁外交”一时成为国内外媒体和世界各国关注的焦点。在印度尼西亚、马来西亚、泰国、越南、印度等亚洲国家以及欧美等国，围绕高铁项目的竞争此起彼伏。在很多人看来，“高铁外交”是中国企业“走出去”的重要举措，对国家发展具有巨大的经济效益，更能对外产生巨大科技和文化影响力，但是，“高铁外交”也使大国经济利益竞争更趋激烈，使中国“威胁论”有了更现实的依据。那么，该如何看待“高铁外交”的政治经济和战略意义呢？

2013年以来，随着中国领导人密集出访欧亚非国家，中国的“高铁外交”风生水起，在国内外都引起了极大的关注。实际上，在大国力量发生历史性转变之际，通过“高铁外交”推动国内经济发展本身就是中国高铁技术发展带来的“红利”。“高

铁外交”已经远远不是纯粹对外经济合作，其战略意图绝不亚于十几年前加入世界贸易组织的行动，这也引起了一些大国对中国发展持何态度的新一轮躁动。

当前，中国国内高铁总里程已经达到了1.6万公里，与世界各国分享这一“红利”符合中国的国家利益。与周边国家建立互联互通的高速铁路网，不仅可以推动双边贸易和人员往来，还可以改善中国在周边的形象，缓解周边国家对中国发展会带来“零和游戏”的疑虑。

中国的“高铁外交”早在2009年10月就已开始，当时中国与俄罗斯签署了发展高铁的备忘录。同年11月，中国铁道部与美国通用电气公司签署了合作备忘录。2011年7月，中国承建的土耳其高铁机车设备运抵伊斯坦布尔，“高铁外交”取得象征意义的突破。2012年，中国铁建公司牵头组成合包集团并获得了土耳其高铁项目二期工程全部两个标段，与此同时，中国与伊朗签署了价值22亿美元的铁路建设合同。2013年5月，中国总理在访问印度时，中印双方同意加强铁路合作，包括重载运输和车站发展等。

2013年10月到2014年底，中国政府掀起了“高铁外交”的一个小高潮，中国总理也因此被誉为中国高铁“最高级别的推销员”。2014年11月20日，中国铁建与尼日利亚有关方面正式签署了尼日利亚沿海铁路项目的商务合同，合同总金额119.7亿美元，标志着中国对外工程承包史上单体合同金额最大的项目取得实质性进展。为了加强“高铁外交”，2014年12月底中国还宣布将两大铁路设备制造公司北车集团与南车集团进行合并，以打造强有力的国际高铁供应商。国家总理推销中国高铁可谓不遗余力，他对中国高铁优势的阐述被概括为“高铁三论”：一是技术论，即技术先进、安全可靠；二是价格论，即价格低，性价比高；三是运营论，即运营经验丰富。

从“高铁外交”的轨迹不难发现，原先东南亚和中亚国家等邻国是高铁的主要推销对象，现在已经发展到非洲、欧洲和拉美。结合正在实施的“一带一路”倡议，“高铁行动”已经成为中国外交的一个重要内容。无论是建立区域性互联互通的高铁网以促进煤炭和铁矿石等能源资源的进口，还是扩大在周边和其他地区的经济影响力和软实力，“高铁外交”注定将成为中国深化国内经济改革和扩大对外投资的重要手段。

不过，“高铁外交”并非一帆风顺。到目前为止，中国在海外建成的高铁是从土耳其首都安卡拉至伊斯坦布尔高铁的二期工程，总长158公里，设计时速250公里。除雅万高铁外，不少项目的谈判进展缓慢甚至失败。其中一个著名案例就是2014年11月墨西哥单方面撕毁中国铁建公司承接的高铁建设项目事件。

在有关高铁项目争夺战中，中国企业走到哪里，哪里就能发现竞争对手的身影。大国利益博弈已经若隐若现。比如，输出新干线系统被认为是日本经济增长的战略核心之一。日本成立了“国际高速铁道协会”，由东日本、东海、西日本、九州四家铁路公司组成，旨在向海外宣传日本的高铁技术和设备，日本铁路制造商也参与其中。不少人对中俄高铁合作期望比较高，但中国企业还必须认真对待来自庞巴迪、阿尔斯通、西门子、通用电气、川崎重工等许多国际巨头的激烈竞争。

（根据郭学堂发表于《唯实》的文章改写）

1. 解释词语

（1）此起彼伏

（2）风生水起

（3）不遗余力

（4）若隐若现

（5）旨在

2. 回答问题

（1）与周边国家建立高铁互通网络对中国有哪些积极的意义？

（2）中国高铁项目在国外的进展如何？最主要的原因是什么？

（3）中国高铁在走出去的过程中，主要应该做好哪些准备？

3. 用100个字左右概括这篇短文的主要意思

小组任务

三个题目任选一个：

一、查阅资料，分析说明中国高铁快速发展的原因。

二、查阅资料，具体分析一个中国高铁走出去的成功或失败的案例。

三、根据你的体验并查阅资料，具体比较中国高铁制造与发达国家高铁制造方面的差异。

要求：

1. 每组报告的字数在2000字以上；
2. 小组各成员必须分工明确，每人负责报告的一部分；
3. 小组中必须有一人负责总结本小组的报告内容；
4. 报告时必须使用PPT；
5. 报告要尽量模仿课文的篇章结构并使用本课学习的词语和表达结构。

华为与围棋

音频

预习提示

- 谈谈你对华为手机的印象。
- 说说你对品牌营销的认识和理解。
- 查阅资料，总结概括知名企业的品牌营销战略。

课 文

“琴棋书画”是中国几千年文化和艺术的代表，经久不衰，其中的“棋”就是围棋。中国历史上关于“对弈”的故事、诗词更是数不胜数，围棋竞技也是中国非常重要的一项体育赛事。

2018年4月25日，华为手机杯中国围棋甲级联赛在有着“水之灵、茶之韵、棋之道、诗之魂”美誉的杭州正式打响。

随着人工智能机器人AlphaGo与世界围棋高手比赛，围棋这项运动身上的标签除了文化和艺术之外，又增加了科技。这应该是华为手机独家冠名中国围棋甲级联赛的重要原因之一。

品牌战略就是塑造差异化

在营销专家杰克·特劳特和艾·里斯看来，塑造品牌的从不是广告，而是公关。在营销界，有“公关第一，广告第二”的说法。由此看来，华为手机冠名中国围棋甲级联赛，不是一个广告行为，而是一种公关行为。

众所周知，商品总是在发展中趋向同质化，而品牌的目标就是要塑造差异化，刺激消费者购买的欲望。2018年第一季度，中国手机销量下滑了27%。手机硬件、功能都陷入了同质化竞争。因此手机企业必须要实现品牌的差异化，否则消费者就失去了选择你的理由。而华为手机冠名中国围棋甲级联赛，就是为了在十余个重要手机品牌中塑造差异化。

独一无二的手机

在谈华为手机借助中国围棋甲级联赛塑造品牌差异化之前，先请大家回答一个问题：手机是什么？这个问题估计每个人都能说上几句。手机是通信工具、上网设备、娱乐设备、相机等。但从它与人的关系来看，手机已经从一个工具演变为我们的“器官”。而每个人的“器官”又都是独一无二的。

手机就像是我们的耳朵、眼睛、鼻子、嘴巴，它早已与我们形影不离。每个人都希望自己拥有漂亮的脸蛋、健美的身材，同时还希望拥有优越的社会地位与名望。

脸蛋和身材对应的是手机的外观、功能，而社会地位和名望对应的则是手机的品牌和口碑。手机外观、功能逐渐趋向同质化，品牌也有同质化的趋势。2016年，很多手机企业都蜂拥而上搞娱乐营销，赞助娱乐节目、请热门明星代言、推出明星定制款手机等。

当所有手机企业都走这个套路做品牌的时候，这个套路就变得平庸了。产品可以借鉴、学习，但是品牌绝对是独一无二的。品牌需要企业根据自己的产品、技术和文化、消费群体的特征来定义和打造，抄袭别人只会东施效颦。

华为手机的品牌源自华为，带有华为的科技基因。华为手机的 Mate 系列主打科技商务，P 系列主打科技时尚，都在华为科技品牌的基因下进行了很好的延伸。所以华为没有花重金赞助娱乐节目，而选择独家冠名中国围棋甲级联赛，这正是华为品牌差异化的体现。

顺势而为的品牌营销

品牌公关活动，要与品牌的基因有契合点，要与品牌当前想要传达给消费者的信息相匹配。用这个标准可以很好地衡量品牌公关活动的正确与否。

首先，华为手机是 AI 手机的代名词，这一点与围棋相得益彰。围棋是目前世界上最复杂的棋种。从计算机技术的发展来看，计算机技术早就打败了中国象棋、国际象棋，但是却一直无法战胜围棋。直到 AlphaGo 战胜围棋九段李世石、柯洁，才证明了人工智能在围棋计算上的能力超越了人类。围棋与 AI 技术之间有着密切的关联性。而为了实现产品的差异化，华为手机 Mate10 系列、P20 系列独家搭载了具有 AI 技术的麒麟 970 芯片。而通过与 AI 关联密切的围棋结合，可以自然而然地为“华为手机就是 AI 手机”的品牌定位加分。

其次，华为 P20 的人像摄影大师定位也与围棋文化非常吻合。华为 P20 系列手机利用 AI 芯片和徕卡技术，让华为手机的智能拍照实力位居全球前列，并定位为“人像摄影大师”。

许多摄影作品彰显人性，摄影也是传播文化的一种艺术表现形式。围棋是中国几千年文化和艺术的瑰宝，因此赞助“围甲”让华为手机在AI技术的标签之外，也获得了文化和艺术的标签。这对于诠释P20系列手机的人像摄影大师定位也助益良多。

再次，顺势而为。目前全国上下都对科技创新、弘扬中华文化士气高昂，舆论也在倡导、鼓励。华为手机本身就带有科技基因，而围棋运动的背后则是中华文化，华为手机冠名“围甲”就是在传播中华文化。而与此同时，华为P20系列手机的年轻用户，正在从关注娱乐、明星转向关注科技、文化，因此华为手机冠名围甲完全是水到渠成、顺势而为。

伟大的企业，看似卖的是产品，但其本质却是品牌的差异化。百年老字号同仁堂的中药材与其他品牌的中药材，也许品质上会有一些差异，但更大的差异却是品牌。劳力士手表与其他瑞士产的表之间的差异，也是品牌上的差异。

目前，手机市场增长放缓、产品同质化竞争加剧，正是手机企业减少品牌营销的时候。华为手机在这样的时刻，继续围绕既定的品牌战略做工作，正是潜心修炼、厚积薄发的道理。

我们相信，面对接下来的人工智能时代和5G网络商用，华为手机依靠一系列针对性的营销策略进一步夯实“AI手机代名词”“人像摄影大师”的定位，必将获得比对手更为丰厚的回报。

（根据网易科技的相关文章改写）

1. 对弈	（动）	duìyì	中国历史上有很多对弈的故事。
2. 数不胜数		shǔbúshèngshǔ	他助人为乐的事数不胜数。
3. 竞技	（动）	jìngjì	同台竞技 / 同场竞技 / 竞技舞台
4. 联赛	（名）	liánsài	我们队获得了足球联赛的冠军。
5. 打响	（动）	dǎxiǎng	这家公司新产品的上市标志着家电企业的价格战已经打响。
6. 标签	（名）	biāoqiān	穿西服之前应该把标签剪下来。
7. 冠名		guàn míng	冠名播出 / 冠名权 / 独家冠名
8. 塑造	（动）	sùzào	这本小说塑造了一个成功企业家的形象。
9. 差异化	（名）	chāyìhuà	同类产品的差异化是产品销量的基础。
10. 公关	（动）	gōngguān	公司的公关部门很好地解决了这次危机。
11. 众所周知		zhòngsuǒzhōuzhī	众所周知，产品质量是产品的关键。
12. 趋向	（动）	qūxiàng	随着全球化，企业之间的竞争也趋向白热化。
13. 同质化	（名）	tóngzhìhuà	目前，手机的同质化非常严重。
14. 下滑	（动）	xiàhuá	今年公司的销量出现了下滑。
15. 独一无二		dúyī-wú'èr	我们公司的新产品在市场上独一无二。
16. 演变	（动）	yǎnbiàn	中国的汉字大概经历了五个阶段的演变过程。

17. 器官	（名）	qìguān	这家医院器官移植手术的水平在国内数一数二。
18. 优越	（形）	yōuyuè	条件优越 / 位置优越
19. 名望	（名）	míngwàng	他是我们公司最有名望的元老。
20. 口碑	（名）	kǒubēi	良好口碑 / 口碑营销 / 口碑欠佳
21. 蜂拥而上		fēngyōng'érshàng	刚开盘，买家们就蜂拥而上。
22. 定制	（动）	dìngzhì	这次庆典的所有礼品都是高端定制，非常上档次。
23. 套路	（名）	tàolù	电信诈骗一般有固定的套路。
24. 平庸	（形）	píngyōng	他在音乐方面资质平庸。
25. 抄袭	（动）	chāoxí	媒体曝光了他抄袭他人论文的事儿。
26. 基因	（名）	jīyīn	基因研究是未来生命科学领域的重点。
27. 主打	（动）	zhǔdǎ	主打歌曲 / 主打产品
28. 顺势	（动）	shùnshì	新的时代，年轻人除了努力工作，更要学会顺势而为。
29. 契合	（动）	qìhé	契合点 / 契合度
30. 匹配	（动）	pǐpèi	这款汽车匹配了最新的7速变速箱。
31. 相得益彰		xiāngdé-yìzhāng	舞蹈演员精彩的表演与炫酷的舞台效果相得益彰。
32. 搭载	（动）	dāzài	搭载乘客 / 搭载武器 / 搭载技术
33. 瑰宝	（名）	guībǎo	京剧是中国文化的瑰宝。
34. 诠释	（动）	quánshì	公司的新产品很好地诠释了高科技给社会带来的便利。
35. 高昂	（形）	gāo'áng	高昂的代价 / 高昂的成本 / 高昂的价格
36. 舆论	（名）	yúlùn	社会舆论 / 舆论导向 / 舆论监控

37. 倡导	（动）	chàngdǎo	积极倡导／大力倡导
38. 水到渠成		shuǐdào-qúchéng	所谓的奇迹其实都是拼尽全力之后的水到渠成。
39. 放缓	（动）	fànghuǎn	最近受国际环境的影响，我们公司的发展速度有所放缓。
40. 厚积薄发		hòujī-bófā	这家公司长年精心打造品牌，终于厚积薄发，成为行业领跑者。
41. 夯实	（动）	hāngshí	夯实根基／夯实基础
42. 丰厚	（形）	fēnghòu	我们为客人准备了丰厚的礼物。
43. 回报	（动）	huíbào	年轻人应该努力学习，将来才能回报社会。

语 法

一、在有着“水之灵、茶之韵、棋之道、诗之魂”美誉的杭州正式打响

“有着／享有……的美誉”，用来具体说明某事物的特点或所得到的较高评价。

例如：

（1）随着“中国制造”风靡全球，中国有着“世界工厂”的美誉。

（2）圆明园是中华民族智慧的结晶，是世界文化和艺术的宝库，享有“万园之园”的美誉。

（3）始于北宋、盛于明清的宜兴紫砂，享有“东方明珠”“国之瑰宝”的美誉。

练习：

（1）九寨沟景色优美，____________________。

（2）请介绍你们国家的一处名胜古迹或某一特色产品。

二、从它与人的关系来看，手机已经从一个工具演变为我们的“器官”

“从……来看”，强调说话的着眼点或依据的事理，从而保证其后得出的结论的正确性。

例如：

（1）从目前的情况来看，中国代表团的运动员基本上要三个人住一个房间。

（2）从这个市场现象来看，大盘下周可能还有小幅下跌空间。

练习：

（1）____________________，我们的产品已经得到了消费者的认可。

（2）____________________，我们的产品质量的确有待提高。

三、P20 系列独家搭载了具有 AI 技术的麒麟 970 芯片

“搭载”本来的意思是运载乘客，这里指的是华为手机安装或配备了具有最新技术的芯片。

例如：

（1）该车 2 门 4 座，搭载 1.0 升发动机和 CVT-i 自动变速箱。

（2）三星 GalaxySIII 智能手机配备 5 英寸 720p 触摸屏，搭载 1.5GHz 三星 Exynos4412 双核处理器。

练习：

（1）最新的复兴号动车____________________________。

（2）华为手机____________________，拍照功能特别出色。

四、通过与AI关联密切的围棋结合，可以自然而然地为“华为手机就是AI手机”的品牌定位加分

“加分”，本来的意思是增加分数。这里指的是为华为智能手机的品牌定位助力增色。

例如：

（1）复古味浓郁的无领系列会为短脖子人的性感指数大大加分。

（2）不对周围环境造成污染的企业会给自己的产品在消费者心目中的形象“加分”。

（3）项目宣传力度虽小，但项目销售和市场口碑都不断为中海“加分”。

练习：

（1）在重要的比赛中获得奖项，________________。

（2）良好的工作业绩和群众基础为他的成功________________。

五、因此赞助“围甲”让华为手机在AI技术的标签之外

“标签”本义是标明品名、用途或价格的小卡片，后比喻事物具有的特色或特点。

例如：

（1）经过三年多的探索与努力，如今，她被赋予了一个新的标签——浪漫花都。

（2）微信朋友圈被监考老师猝死事件刷屏，孩子们被贴上冷漠的标签。

练习：

（1）每个孩子有每个孩子的优缺点，但________________。

（2）高尔夫运动价格不菲，________________。

六、华为手机依靠一系列针对性的营销策略进一步夯实"AI 手机代名词""人像摄影大师"的定位

"夯实"，动词，本义是用夯砸实，用于修建地基。后比喻把基础打牢，把工作做扎实。

例如：

（1）中学生必须夯实"双基"，刻苦钻研才能具有创造能力。

（2）我们要进一步加强政策沟通，不断夯实"一带一路"建设的政治基础。

练习：

（1）____________________，才能取得巨大的进步。

（2）注重提高产品质量，____________________，消费者对产品的认可度一定会大大提高。

知识及术语

1. 人工智能机器人 AlphaGo（阿尔法围棋）

AlphaGo 是谷歌 Google DeepMind 实验室出品的一款机器人。它是第一个击败人类职业围棋选手、第一个战胜围棋世界冠军的人工智能机器人。它象征着计算机技术已进入人工智能的新信息技术时代（新 IT 时代）。

2. 同质化（Homogenization）

商业上可以指同一大类中不同品牌的商品在性能、外观甚至营销手段上相互模仿，以至逐渐趋同的现象，在商品同质化基础上的市场竞争行为则称为"同质化竞争"。

3. 差异化（Differentiation）

商业上可以指企业在其提供给顾客的产品中，通过各种方法造成足以引发顾客偏好的特殊性，使顾客能够把它同其他竞争性企业提供的同类产品有效地区别开来，从而达到使企业在市场竞争中占据有利地位的目的。

4. 娱乐营销（Entertainment Marketing）

就是借助娱乐的元素或形式将产品与客户的情感建立联系，从而达到销售产品、建立忠诚客户的目的的营销方式。它本质上是一种感性营销，属于软广告的范畴。

5. 品牌营销（Brand Marketing）

是指企业运用各种营销策略使目标客户形成对企业品牌和产品、服务的价值认可，最终形成品牌效益的营销策略和过程。

6. 5G 网络（5G Net work）

5G 网络作为第五代移动通信网络，其峰值理论传输速度可达每秒数十 GB，比 4G 网络的传输速度快数百倍，整部超高画质（UHD）电影可在 1 秒之内下载完成。随着 5G 技术的诞生，用智能终端分享 3D 电影、游戏以及超高画质节目的时代已向我们走来。

练　习

一　根据课文内容判断正误

1. 随着人工智能机器人 AlphaGo 与世界围棋高手比赛，围棋被贴上了科技的标签。（　　）

2. 华为没有搞娱乐营销，是因为华为想塑造独一无二的手机品牌。（　　）

3. 华为手机的 AI 技术与围棋代表的高智商非常一致，华为赞助围棋比赛也就相得益彰。（　　）

4. 目前全国上下都在积极进行创新和弘扬中国文化。（　　）

5. 伟大的企业的本质是产品和品牌的差异化。（　　）

6. 面对手机市场增速放缓的形势，华为手机减少了品牌营销的投入。（　　）

7. 面对人工智能时代和 5G 网络商用，华为会继续努力打造 AI 手机。（　　）

二　根据课文，解释画线词语的意思

1. 华为手机杯中国围棋甲级联赛在有着“水之灵、茶之韵、棋之道、诗之魂”美誉的杭州正式打响。

2. 围棋这项运动身上的标签除了文化和艺术之外，又增加了科技。

3. 赞助娱乐节目、请热门明星代言、推出明星定制款手机等。

4. 华为手机的品牌源自华为，带有华为的科技基因。

5. 品牌公关活动，要与品牌的基因有契合点。

6. 华为手机 Mate10 系列、P20 系列独家搭载了具有 AI 技术的麒麟 970 芯片。

7. 围棋是中国几千年文化和艺术的瑰宝。

8. 这对于诠释 P20 系列手机的人像摄影大师定位也助益良多。

9. 华为手机依靠一系列针对性的营销策略进一步夯实“AI 手机代名词”“人像摄影大师”的定位。

三 选词填空

数不胜数	经久不衰	水到渠成	自然而然		
顺势而为	诠释	回报	塑造	名望	口碑

1. 短时间的收益并不代表成功，________的口碑才是事业的成功。

2. 科学城门诊部以全新理念向人们________了21世纪的保健医疗服务。

3. 文化的传播和发生影响是________、循序渐进的过程，同时也需要政府因势利导、尊重规律。

4. 他组建的新疆龙头农业高科技有限公司当年就实现了投资________20%以上。

5. 曹文轩的获奖，是中国文学多年发展________的结果，是迟早的事。

6. 博尔赫斯是当代最有________、最受赞誉的阿根廷小说家、诗人和散文家。

7. 这些演出给上海话剧打下了深厚的观众基础，树立了良好的________。

8. 中华传统文化浩如烟海，其经典名篇也是灿若群星，________。

9. 北京银行20年________、乘势而上，是中国中小银行蜕变的一个缩影。

10. 世界贸易组织第四次部长会议之所以举世瞩目，是因为它将________21世纪全球多边贸易体制的未来。

四 给下列词语选择合适的义项，注意体会词语在特定领域的用法

打响：A、指战斗开始　　B、比喻事情开始或初步成功

1. 岁末狂欢，亿房投资军团年度收官之战今天打响。(　　)

2. 布什在美国对伊拉克战争打响45分钟之后发表了这次讲话。(　　)

3. 为了继续打响“一站式”的服务品牌，全省家电市场延长了经营的手臂。(　　)

4. 我市正在积极去除GDP考核“紧箍咒”，全面打响“呼吸保卫战”，淘汰落后产能。(　　)

标签：A、标明品名、用途、价格等的小卡片　　B、比喻事物具有的特点或特色

1. 一个消费者以“商品包装上无中文标签、商品中含有药物”等理由将她告上法庭。(　　)

2. 城市品牌战略的实施，为文明古城贴上了颇具个性魅力的“标签”。(　　)

3. 这本书上确实贴着“禁止带出”的红色标签。(　　)

4. 公司推出的新产品在设计、科技和品质上都实现了突破，豪华、舒适、安全成为产品的三大标签。(　　)

套路：A、指成套的武术动作　　B、指系统或常规的方式、方法等

C、指做事有所欺瞒或有极具实际经验的处事方法，略带贬义

1. 青少年武术锦标赛有 16 支队伍的 106 名运动员参加，中国队获得套路 12 块金牌。(　　)

2. 这些案件都有着相似的“套路”，充分利用了老年人不懂法的心理。(　　)

3. 网球运动员彭帅和斯诺克选手梁文博的经历就属于另一种“套路”。(　　)

4. 特朗普凭借“大胆”的言论和“不按套路”出牌的风格，赢得了“总统菜鸟”“自大狂”等标签。(　　)

5. 扫码支付时“套路”满满，不少人上了“李鬼”二维码的当。(　　)

6. 中国体育人才的培养标准与国际赛场的竞争“套路”难以匹配是中国运动员难以立足国际赛场的深层原因。(　　)

基因：A、生物体遗传的基本单位　　B、指代事物的核心特点

1. 那个大人物基因优良，是个天才。(　　)

2. 成都具有独特的地域文化基因，成都人对新生事物的敏锐度、包容度、接受度也都非常高。(　　)

3. 新形势下，我们要靠千千万万的优秀工匠，释放工匠精神基因，推动工业转型。(　　)

4. 他在中国大地上打响了破译人类遗传密码的“基因争夺战”，与同事们发现全长基因 124 条。(　　)

五 用指定的词语完成对话

1. A：________________________________。（冠名）

   B：是啊，我们相信一定会提高公司的知名度。

2. A：________________________________？（下滑）

   B：我觉得是我们的营销策略应该做出调整。

3. A：现在很多公司都在搞娱乐营销，我们是不是也要考虑一下？

   B：________________________________。（蜂拥而上）

4. A：今天我收到了一个中了大奖的电话，运气真好！

   B：千万别信，________________________。（套路）

5. A：请问，__________________________？（主打）

   B：AI技术和时尚是它最突出的基因和卖点。

6. A：您如何看待华为手机冠名围棋联赛这件事呢？

   B：________________________________。（相得益彰）

7. A：大成公司的主打产品有哪些卖点呢？

   B：________________________________。（搭载）

8. A：你认为我们应该如何提高品牌的影响力呢？

   B：________________________________。（夯实）

六 排列句子顺序

1. A. 所以，国内的三大运营商纷纷向诺基亚抛出了橄榄枝

   B. 因为华为虽然是世界5G领域拥有最多专利的企业

   C. 华为5G专利众多，为何三大运营商却不选择它呢

   D. 但在商用技术方面，诺基亚却比华为的经验更加老道

   （　　）（　　）（　　）（　　）

2. A. 即使华为被很多运营商拒绝合作

   B. 但华为并没有就此意志消沉

C. 意大利也成为华为的新合作伙伴

D. 而是在欧盟地区找到了自己的发展路线

E. 将在欧盟实施铺设 5G 网络商用的方案

(　　) (　　) (　　) (　　) (　　)

3. A. 在华为深圳总部的一次新闻发布会上

B. 这个数量比上个月公布的 22 份 5G 合同数更高一些

C. 此前华为还主要面向欧洲及中东地区市场建设了 1 万个 5G 基站

D. 华为轮值董事长胡厚崑提到华为已经在全球获得了 25 份 5G 商业合同

(　　) (　　) (　　) (　　)

4. A. 不管是销量还是口碑

B. 今年年初发布的华为 P20 系列机型

C. 所以消费者自然对华为 P30 非常期待

D. 确实代表了国产机的一个高端水平

(　　) (　　) (　　) (　　)

5. A. 不过目前三星 S10 也极有可能会是搭载上 5G 的机型

B. 值得一提的是，这款华为 Mate30 将会是华为的首款 5G 机型

C. 这一点还是让人非常期待的

D. 所以到底谁才是首款发布的 5G 机型呢

(　　) (　　) (　　) (　　)

6. A. 同时也会给当地的经济带来大量的收入

B. 毕竟印度的人口众多，市场也非常广阔

C. 华为的黑科技手机会成为印度市场的一大热门

D. 因此华为代表中国的手机科技进入印度的确是一件好事

(　　) (　　) (　　) (　　)

七 成段表达，300—400字

1. 根据课文，谈谈你对华为冠名围棋联赛的看法。

2. 查阅资料，概括说明华为成功的原因。

3. 查阅资料，谈谈企业应该如何做好品牌营销。

八 阅读短文，回答问题

通信，在这个互联互通的时代，几乎决定着一个国家的命运。2G 时代，在通信领域中国完全被忽视，毫无话语权。到了 3G 时代，中国才意识到危机。自此之后，中国通信技术才刚刚跟上世界的脚步。

到了 4G 时代，中国撒手大干，TD-LTE 的突破让中国通信技术第一次成为世界主流技术。但可悲的是，好不容易取得的成就，其核心代码还是引用自他国。近年来，中国国产手机企业频频遭到外国企业的起诉，如高通起诉魅族，杜比起诉 VIVO、OPPO，爱立信起诉小米，就连华为，也被三星起诉！几乎所有的国产手机，都开始被他国巨头打压。这样的案例并非只发生在手机企业，曾经让中国六次打败美国，蝉联世界第一的超级计算机“天河 2 号”的遭遇也如出一辙。由于其核心芯片采用的是美国芯片，没过多久，美国就下令禁止向中国出售高端芯片。

不是别人不厚道，而是我们的大量企业还处于追随状态。赚了国人的钱却不去搞研发，只玩概念，只玩炒作。最近某企业股价大跌、拖欠巨款，居然还在卖情怀，称自己是最穷 CEO。这样的蛀虫企业，早就应该消失。

别人的终究是别人的，是自己的才有支配权！中国企业如果不自主研发，就永无安宁之日。因此，华为正不惜一切代价推进中国自主研发。

11 月 17 日凌晨，美国传来捷报，在决定全球通信技术标准的 5G 方案大战中，中国华为以绝对优势击败其他对手，主推的 PolarCode 成为 5G 短码最终方案。这意味着 5G 的半壁江山被中国拿下；3G、4G 被法国 Turbo 统治十多年的日子宣告结束；未来的全球通信技术标准，将由中国企业参与制订！

12 月 1 日晚，华为在日本向全世界宣布：锂电子电池技术实现重大突破，全球首个超级石墨烯电池登场！同时，华为将在本月底推出超级快充手机，正式开启石墨烯商用时代！石墨烯，可将电池寿命延长 2 倍，耐热温度提高 10 度，未来充电只需几秒钟！一直以来，全球厂商疯狂提高配置，对电池却束手无策，中国的华为再次给出了解决方案！

今后，三星的曲面屏、苹果的IOS系统、高通的芯片、华为的石墨烯，将成为各自的王牌。为全面提升企业的技术优势，华为可谓不遗余力。屏幕方面，华为已开始与其他国产企业联盟作战，系统方面也派出2000人全力研发，芯片上更是一骑绝尘碾压高通的产品！

一个石墨烯，已经让全球的目光聚焦在中国华为，而华为2016年全年收入预计5850亿的突发消息更是让世界震惊！这意味着华为将超越IBM，进入全球500强前75名，增速为全球千亿规模企业第一！而且，这5850亿有60%以上来自国外！

我们有理由相信，在即将到来的5G时代，华为的取胜代表着中国自主研发的技术得到了世界的认可，再次印证中国科技的力量！

（根据鸣金网相关文章改写）

1. 解释词语

（1）蝉联

（2）半壁江山

（3）束手无策

（4）碾压

2. 回答问题

（1）中国国产手机在发展过程中遇到的最大问题是什么？

（2）华为在哪些手机技术方面走在了世界前列？

（3）为提高企业的竞争力，华为今后将从哪些方面实现突破？

3. 判断正误

（1）3G 时代中国的通信技术已经成为世界的主流技术。（　　）

（2）中国手机企业频频被起诉是因为中国企业发展太快。（　　）

（3）中国企业只有积极搞研究开发才能生存下去。（　　）

（4）在芯片方面，华为已经超过了高通。（　　）

（5）华为在营销收入方面已经超过了 IBM。（　　）

4. 请用 50 字左右概括短文的主要意思

小组任务

三个题目任选一个：

一、查阅资料，分析说明华为的品牌营销战略及成效。

二、选择一家你喜欢的企业，分析说明它的品牌营销战略及成效。

三、查阅资料并举例说明品牌营销与品牌塑造之间的关系。

要求：

1. 每组报告的字数在 2000 字以上；
2. 小组各成员必须分工明确，每人负责报告的一部分；
3. 小组中必须有一人负责总结本小组的报告内容；
4. 报告时必须使用 PPT；
5. 报告要尽量模仿课文的篇章结构并使用本课学习的词语和表达结构。

汇率与价格

音频

预习提示

- 谈谈汇率和你生活的关系。
- 谈谈汇率和经济的关系。
- 谈谈汇率和价格的异同。

课 文

汇率既是一个关系到中国对外经济和政治关系的宏观变量，也是和普通民众生活质量休戚相关的微观变量。然而，即使是在经济学范围内，围绕着汇率也有许多迷思。

汇率大概是最不容易理解的经济学概念了。近期人民币和美元的汇率是6.8元人民币兑换1美元，多数人自然会认为，人民币没有美元“值钱”。但是，对于经济学家来说，静态地比较两种货币哪种更“值钱”，是没有意义的事情。

让人民币和美元一样“值钱”的最简单的办法，是发行新版人民币，让它的1元纸币的面值等于现在的6.8元，这样，人民币和美元的兑换率就变成 1∶1了。但这个比率是临时性的，随着中国对外贸易和资本流动的变化，它必然要发生变化。换言之，简单地让人民币更“值钱”是没有意义的。

用汇率来比较两个国家居民的财富是不准确的，更准确的指标是购买力平价，即购买同等数量和同等质量的物品所需要的两国货币数量的比例。比如，在中国，到麦当劳买一个汉堡包套餐的价格是22元，在美国是4.99美元，按照购买力平价，1美元就相当于4.4元人民币。

因此，用购买力平价计算的人民币比用汇率计算的人民币更“值钱”。美国人指责中国通过压低人民币币值获得了“不应得”的收益。这显然是得了便宜卖乖的孩子气哭诉：美国人每消费1美元的中国物品，中国为其补贴了3.4元人民币。

回到正题，购买力平价反映的是一国货币的实际价值，而汇率仅仅是两种货币之间兑换时使用的名义价格。汇率的决定除了受购买力平价影响之外，还受其他短期因素的影响，特别是外汇市场上的投机活动。这个道理，至少对经济学家来说，应该是再简单不过的了。然而，当讨论汇率对宏观经济影响的时候，并不是所有经济学家都对此有清醒的认识。

多数宏观经济学家倾向于认为，汇率只是众多价格中的一种，不同之处仅仅在于，其他价格的载体是实物，而汇率的载体是货币。表面上看，这种看法没有错，但是深究起来，它是错误的。

为了说明这一点，我们可以做一个思想实验——假想一下，倘若世界上出现了一个世界政府，有能力管理世界经济，会发生什么事情呢？

我们会看到，世界上会出现单一的世界货币，汇率因此也就失去了存在的基础。然而，世界政府再有能力，也不能取消实物的价格。在这里，汇率和其他价格之间的差别就清楚了：汇率只是一个名义参数，而其他价格是实物参数。

这个差别很重要。汇率可以调节外汇市场上货币的供求关系，但对实体经济变量，如进出口，作用十分有限。比如，当人民币升值的时候，进口汽车应该变得较为便宜，国内的汽车价格也应该同时下降，然而，2005至2008年人民币升值了20%，国内汽车价格却基本没有变化。这是因为，在国内价格的形成过程中，实体经济因素所起的作用远远大于汇率变动所起的作用，城市收入大幅度提高，更多年轻人加入中产阶级行列，这些因素支撑着汽车价格。

即使是在国际收支方面，汇率的作用也是有限的。徐建炜和我的研究表明，汇率顶多只能解释中国对美国贸易盈余的2%，而中国对美国在制造业和人口结构上的比较优势可以解释60%至70%。换言之，实体经济中的长期因素是决定性的，汇率只起到边缘性作用。

当然，如果人民币大幅度升值，中国的外贸盈余可能会降下来，但其效果不可能持久。外贸盈余的下降必然对人民币产生贬值压力，在市场预期的作用下，甚至可能出现贬值过度的现象，人民币币值就会出现震荡。最终，长期因素决定着中国外贸盈余的大势，而人民币币值的变动只带来围绕着这个大势的扰动。

宏观经济学家可能会反驳说，扰动对于缓解国内的宏观经济失衡是有用的。我同意，这在短期是成立的，但长期而言，想通过汇率调整达到消除中国国际收支失衡的目标，是完全不可能的。借用卢卡斯货币中性论的说法，汇率调整在长期必然是中性的，它的作用只是让实体经济围绕着长期趋势扰动而已，而长期趋势是实体经济变量决定的。

反过来，汇率调整暗含着风险。一种风险是增加国际贸易的不确定性。如果一家企业老老实实做贸易，它就不可能欢迎汇率的调整，对它而言，汇率的变动完全是一种风险。另一种风险是人民币失去成为强势货币的机会。

美元作为一个强势货币给美国带来了很多好处。在平时，它消除了贸易中的汇率风险、赚取了铸币税；在危机来临的时候，它帮助美国把调整成本分摊给全世界。我们不想获得这些好处，但也不能由着美国仗着美元霸权获得超量“不应得”的收益。在民族国家的前提下，做强人民币，并最终在世界上形成几种主要货币竞争的态势，应该是中国追求的长期目标。

然而，人民币的浮动绝对会损害这个目标的实现。没错，美元是浮动的，但别忘了，在经由布雷顿森林体系取代英镑的过程中，美元的价值是和黄金挂钩的。一个反面例子是日元。尽管日本经济总量曾经位列世界第二、贸易量世界第三，还有大量的海外投资，日元却没有成为一个国际货币，广场协议之后日元剧烈的浮动难辞其咎。

目前，周边国家居民大量持有人民币，主要是因为人民币有升值的空间，如果人民币浮动起来了，这种情况很难持续。对于中国而言，一个稳妥的办法是根据国际收支变动，缓慢地调整人民币币值，并保留升值的空间。

人民币国际化的步骤应该是，在五年之内实现资本项目的可兑换，然后视情况实现人民币的全浮动。全浮动的唯一理由是缓解国内的短期宏观经济失衡，在全浮动之前，政府应该加快国内经济的结构调整，以此控制国际失衡，为稳定短期宏观经济创造条件。

（根据姚洋教授发表于《南方周末》的文章改写）

1. 休戚相关		xiūqī-xiāngguān	与……休戚相关
2. 迷思	（名）	mísī	专家将在节目中为大家一一解答这个问题的迷思。
3. 静态	（名）	jìngtài	科学研究可以进行静态分析，也可以进行动态观察。

4. 指标	（名）	zhǐbiāo	政府对汽车的销售指标进行严格控制。
5. 套餐	（名）	tàocān	套餐是一种捆绑销售的方式，价格有一定的优惠。
6. 指责	（动）	zhǐzé	要多从自己身上找原因，不能一味指责别人。
7. 收益	（名）	shōuyì	这次参观令我收益颇多。
8. 得了便宜卖乖		déle piányi mài guāi	他是一个得了便宜卖乖的人，你千万别生气。
9. 哭诉	（动）	kūsù	好朋友向我哭诉了她最近遇到的麻烦事儿。
10. 补贴	（动）	bǔtiē	购买新能源汽车，政府会给予一定的优惠补贴。
11. 投机	（动）	tóujī	做学问，一定要扎扎实实，不能投机取巧。
12. 倾向于		qīngxiàng yú	我比较倾向于第二个竞标方案。
13. 载体	（名）	zàitǐ	语言是思维的载体。
14. 深究	（动）	shēnjiū	既然你承认了错误，那其他的事儿我就不再深究了。
15. 假想	（动）	jiǎxiǎng	请大家假想一下，没有了音乐，我们的生活会变成什么样子？
16. 倘若	（连）	tǎngruò	倘若谈判成功，公司的销售额一定会大大提高。
17. 名义	（名）	míngyì	以……的名义
18. 调节	（动）	tiáojié	政府的宏观政策对市场的需求和价格有很大的调节作用。
19. 支撑	（动）	zhīchēng	一个城市经济体量的增加，主城区的龙头带动作用和关键支撑作用功不可没。

20. 盈余	（动）	yíngyú	最近几年，我国的贸易收支连续保持盈余。
21. 边缘性	（名）	biānyuánxìng	最近几年，中国的葡萄酒业逐渐从边缘性产业崛起，中国已经成为葡萄酒商的乐土。
22. 持久	（形）	chíjiǔ	为了扩大市场，家电企业之间展开了持久的价格战。
23. 扰动	（动）	rǎodòng	近期的猪瘟扰动市场，导致猪肉价格下跌。
24. 反驳	（动）	fǎnbó	遭到反驳 / 极力反驳
25. 失衡	（动）	shīhéng	专家指出，今年意大利、希腊和塞浦路斯的经济严重失衡。
26. 趋势	（名）	qūshì	今年 5 月以来，北京的房价出现了下降的趋势。
27. 强势	（名）	qiángshì	为了扩大市场，我们公司的新产品强势推出。
28. 赚取	（动）	zhuànqǔ	赚取利润 / 赚取财富 / 赚取外汇
29. 分摊	（动）	fēntān	分摊风险 / 分摊费用 / 分摊损失
30. 霸权	（名）	bàquán	霸权地位 / 霸权主义 / 争夺霸权
31. 浮动	（动）	fúdòng	浮动汇率是中国特定时期的产物。
32. 难辞其咎		náncí-qíjiù	公司的销量下降，新经理难辞其咎。
33. 持有	（动）	chíyǒu	大量持有 / 持有股份
34. 持续	（动）	chíxù	持续 + 时间 / 持续增长 / 持续发展
35. 稳妥	（形）	wěntuǒ	我们应该想出一个更为稳妥的办法来渡过这次危机。

语 法

一、汇率既是一个关系到中国对外经济和政治关系的宏观变量

“关系到”必须带名词或小句作宾语，主语也多为名词或小句。

例如：

（1）这次考试的结果关系到我以后的人生道路。

（2）这次谈判关系到公司的命运，你一定要慎重。

（3）这个问题关系到大家的利益。

练习：

（1）这次改革________________，必须引起重视。

（2）产品质量________________，一定要高度重视。

二、也是和普通民众生活质量休戚相关的微观变量

“和/与……休戚相关”表示二者的关系非常紧密。

例如：

（1）这个新项目与GDP休戚相关，地方政府自然会大力支持。

（2）我们公司是手机行业的龙头企业，与很多销售企业的发展休戚相关。

（3）公司的发展与员工的利益休戚相关。

练习：

（1）空气质量________________________。

（2）技术革新________________________。

三、多数人自然会认为

“自然”，副词，表示理所当然。

例如：

（1）只要认真学习，自然会取得好成绩。

（2）工作做得好，老板自然会对你另眼相看。

（3）公司的销量上不去，员工的待遇自然不会提高。

产品质量上去了，______________________________。

四、它必然要发生变化

“必然”，形容词，按常理一定会。

例如：

（1）经济一体化是世界发展的必然趋势。

（2）成功必然属于有准备的人。

（3）不受监督的权力，必然导致腐败。

跟不上时代发展______________________________________。

五、这显然是得了便宜卖乖的孩子气哭诉

“显然”，副词，意为容易看出或感觉到。

例如：

（1）这种说法显然是错误的。

（2）卡通形象的设计，显然更能吸引少男少女的目光。

练习：

他的说法＿＿＿＿＿＿＿＿＿＿＿＿＿＿＿＿＿＿＿＿＿＿。

“得了便宜卖乖”，俗语，表示得到了好处或实惠却装作不知道或自己吃亏。

例如：

（1）一些官员得了便宜还卖乖，一边贪婪地捞钱，一边还道貌岸然地唱着反腐的高调。

（2）不管怎么说，比起借款购股不还的企业，三金药业购股后起码还了款。但三金药业得了便宜又卖乖，硬要漂白历史的做法却让人无法忍受。

练习：

（1）他＿＿＿＿＿＿＿＿＿＿＿＿，实在让人讨厌。

（2）请举一个得了便宜还卖乖的具体实例。

六、至少对经济学家来说，应该是再简单不过的了

“至少”，副词，表示最小的限度。

例如：

（1）从宿舍到教室，至少要 15 分钟。

（2）今天到会的至少 3000 人。

（3）我找男朋友，身高至少要一米八。

练习：

我们公司的销售额＿＿＿＿＿＿＿＿＿＿＿＿＿＿。

“再……不过”，中间一般为形容词。表示到了极限。

例如：

（1）这件衣服，你穿再合适不过了。

（2）幸福其实是件再简单不过的事儿。

（3）我已经说得再清楚不过了。

练习：

（1）所有的课程中，我觉得＿＿＿＿＿＿＿＿＿＿。

（2）别再狡辩了，事情已经＿＿＿＿＿＿＿＿＿＿。

七、汇率可以调节外汇市场上货币的供求关系

“调节”，动词，表示从数量或程度上调整，使符合要求。

例如：

（1）动物能根据环境的变化调节体温。

（2）面对社会的发展和变化，必须及时调节自己的心态。

练习：

（1）＿＿＿＿＿＿＿＿＿＿＿＿，他赶紧换了一个话题。

（2）这款手机非常智能，＿＿＿＿＿＿＿＿＿＿＿＿＿。

八、这些因素支撑着汽车价格

"支撑"，动词，表示用力撑持。近义词是"支持"。

例如：

（1）他每天只能靠麻醉药支撑下去。

（2）在这种信念的支撑下，他终于取得了成功。

练习：

（1）这家公司的快速发展______________________。

（2）最近公司资金严重不足，__________________。

九、汇率顶多只能解释中国对美国贸易盈余的 2%

"顶多"，副词，表示最大限度。多用于口语。

例如：

（1）我的钱也不多，顶多能借你 500 块。

（2）你不用担心，顶多也就罚你点儿钱。

（3）我喜欢蜷在家看书、看电影，顶多和好朋友出来吃饭。

练习：

（1）我手头也很紧，______________________________。

（2）医生说他的病很严重，________________________。

十、但其效果不可能持久

“持久”，形容词，意为保持长久。

例如：

（1）世界应该争取持久的和平。

（2）没有实体经济的支撑，泡沫是不可能持久的。

练习：

（1）这款手机的卖点之一是______________________。

（2）品牌是企业_________________________________。

十一、人民币币值就会出现震荡

“震荡”，震动，动荡。常用于股市、房市等的变动情况。它的近义词是“震动”。

例如：

（1）市场暂时找不到明确的行进方向，指数走势将以震荡为主。

（2）北美制造业正经历供应链震荡，就业岗位减少近四成。

（3）受大盘持续震荡影响，两大基金公司的新基首日销售情况并不理想。

练习：

（1）________________________让很多人倾家荡产。

（2）最近房地产市场________________________。

十二、而人民币币值的变动只带来围绕着这个大势的扰动

“扰动”，动词，指干扰，使发生变化。

例如：

（1）磊山大厦施工过程中采取了信息化施工等较为保守的措施，对周围建筑基础的扰动被控制在一定的幅度内。

（2）全球范围内的流动性收紧措施逐步出台，对经济复苏进程以及金融市场走势都将形成扰动。

（3）近期市场在各种因素的扰动下，可能继续下行，寻找新的平衡点位。

（4）受热带扰动气流影响，海南全省范围内将出现强降雨天气。

练习：

（1）你认为国家油价的变化______________________？

（2）新出台的政策______________________。

十三、但也不能由着美国仗着美元霸权获得超量“不应得”的收益

“由”，动词，听凭，听任，常说“由着”，后面必须接名词宾语或兼语。“由”还可以作介词，引出施动者、原因、方式、来源等。

例如：

（1）任何事情没有绝对的自由，网络文化也不能由着性子来。

（2）你不妨硬气一点儿，别由着她胡来。

（3）这次比赛的获奖名单由组委会确定并提前公布。

练习：

（1）很多父母对孩子特别溺爱，______________________。

（2）现在市场上假冒我们的产品特别多，______________________。

十四、周边国家居民大量持有人民币

“持有”，动词，意思是拥有。比较正式，用于书面，后接货币、股票、股权、武器、证件等具有现金价值的对象或者法律授权才能拥有的东西。

例如：

（1）这项交换不当地便宜了债券持有人，因为他们把几乎毫无价值的债券换成了有抵押品支持的定期贷款。

（2）日本增持美国国债115亿美元，超过中国成为持有美国国债最多的国家。

（3）非法持有鸦片一千克以上、海洛因或者甲基苯丙胺（冰毒）五十克以上或者其他毒品数量大的，处七年以上有期徒刑或者无期徒刑。

（1）你认为哪些股票________________________？

（2）说说你对合法持有枪支的看法。

知识及术语

1. 汇率（Exchange Rate）

亦称“外汇行市”或“汇价”，是国际贸易中最重要的调节杠杆。一国货币兑换另一国货币的比率，是以一种货币表示另一种货币的价格。由于世界各国货币的名称不同，币值不一，所以一国货币对其他国家的货币要规定一个兑换率，即汇率。

2. 购买力平价（Purchasing Power Parity，简称PPP）

是一种根据各国不同的价格水平计算出来的货币之间的等值系数，使我们能够对各国的国内生产总值进行合理比较，这种理论汇率与实际汇率可能有很大的差距。

3. 货币中性论（The Theory of Monetary Neutrality）

货币供给变化只是影响一般价格水平，一定量的货币供应增加（或减少）只引起一般价格水平的上升（或下降），不会影响到实际利率和产出水平等实际经济变量的调整和改变。

4. 布雷顿森林体系（Bretton Woods System）

布雷顿森林货币体系是指二战后以美元为中心的国际货币体系。关税总协定作为1944年布雷顿森林会议的补充，连同布雷顿森林会议通过的各项协定，统称为“布雷顿森林体系”，即以外汇自由化、资本自由化和贸易自由化为主要内容的多边经济制度，构成资本主义集团的核心内容。

5. 广场协议（Plaza Accord）

1985年9月22日，美国、日本、联邦德国、法国以及英国的财政部长和中央银行行长在纽约广场饭店举行会议，达成五国政府联合干预外汇市场，诱导美元对主要货币的汇率有秩序地贬值，以解决美国巨额贸易赤字问题的协议。因协议在广场饭店签署，故该协议又被称为“广场协议”。协议中规定日元与马克应大幅升值以挽回被过分高估的美元价格。“广场协议”签订后，五国联合干预外汇市场，各国开始抛售美元，继而形成市场投资者的抛售狂潮，导致美元持续大幅度贬值。同时揭开了日元急速升值的序幕。

6. 货币浮动（Floating Currency）

浮动汇率制指一国中央银行不规定本国货币与他国货币的官方汇率，听任汇率由外汇市场自发地决定。浮动汇率制又分为自由浮动与管理浮动。自由浮动又称“清洁浮动”，指中央银行对外汇市场不采取任何干预活动，汇率完全由市场力量自发地决定；管理浮动又称“肮脏浮动”，指实行浮动汇率制的国家，其中央银行为了控制或减缓市场汇率的波动，对外汇市场进行各种形式的干预活动，主要是根据外汇市场的情况售出或购入外汇，以通过供求来影响汇率。

一 根据课文内容判断正误

1. 汇率与一个国家的宏观经济以及普通群众的生活质量都休戚相关，因此它是一个很容易理解的经济学概念。（ ）

2. 根据购买力平价，人民币更“值钱”，因此中国得到了“不该得”的利益。（ ）

3. 汇率的决定除了受购买力平价的影响以外，还受到很多短期因素的影响，尤其是汇市的投机活动。（ ）

4. 汇率是众多价格中的一种，只是它与其他价格的载体不同而已。（ ）

5. 汇率可以调节国际货币市场的供求关系，但对实体经济的作用是很小的。（ ）

6. 通过汇率的调整可以达到消除国际收支失衡的目标。（ ）

7. 成为强势货币对一个国家的经济发展很有好处。（ ）

8. 日元的剧烈浮动和广场协议有很大的关系。（ ）

9. 人民币国际化是中国的近期目标。（ ）

10. 目前有很多人持有人民币，主要是因为中国的东西比较便宜。（ ）

二 写出下列词语的反义词

至少________ 持久________ 盈余________ 名义________

压低________ 静态________ 有限________ 反驳________

强势________ 稳妥________ 宏观________ 缓解________

三 选择近义词填空

震动—震撼—震荡	自然—必然—当然	调整—调节—调控
持续—继续	持久—长久	

1. 大雪严寒天气在北京已经________近一个月。

2. 每当经济萧条时，________有大量的公司倒闭。

3. 你放心，这个工作的特点是销售业绩越高，收入________就越高。

4. 下学期，我打算________一边学习一边打工。

5. 你没有努力学习，成绩________不理想。

6. 对于新生事物，人们的热情往往很高，但这种热情也往往很难________。

7. 暴雨来了，隆隆的雷声________着山谷。

8. 火车开过来了，等待的行人感觉到路面有些许________。

9. 我觉得这样做不是________之计，必须想办法解决这个问题。

10. 为了________沉闷的气氛，他给大家讲了一个笑话。

11. 这部影片逼真的情景强烈地________着观众的心灵。

12. 这次人员________涉及数百人。

13. 在金融危机背景下，政府理应________房地产市场。

四 给下列句子选择合适的义项，注意体会词语在特定领域的用法

套餐：A、成套供应的吃的东西　　B、泛指一种销售方式

1. 我觉得肯德基的套餐比麦当劳的实惠。(　　)

2. 成都电信将“我的 e 家”套餐进行了全面升级。(　　)

3. 最特别的是，一次点两份套餐，餐厅就送出价值 68 元的“情人水果巧克力锅”。(　　)

4. 各服务店还将根据区域特点为车主定制特惠服务套餐。(　　)

名义：A、依据某种称号或名称　　B、表面（上），形式（上）

1. 我以个人的名义保证，一定提前完成任务。(　　)

2. 她名义上是我们的经理，实际上什么都不管。(　　)

3. 汇率只是个名义价格，与实际价格不同。(　　)

4. 近年来，某些企业借开发区等名义非法“圈地”现象十分严重。(　　)

5. 上半年，中国的信贷增长速度超出了名义 GDP 达 20 个百分点。(　　)

6. 随意提高电影票价，名义上是遵循市场规律，实际上是破坏市场规律。(　　)

投机：A、形容词，（意趣）相合，（见解）一致　　B、动词，利用时机谋求私利

1. 他年轻时专做投机买卖，赚了不少钱。(　　)

2. 虽然是第一次见面，我们却谈得很投机。(　　)

3. 任何组织都不会欢迎投机分子。(　　)

4. 中国有句古话叫“酒逢知己千杯少，话不投机半句多”。(　　)

有限：A、有一定的限度　　B、数量不多，程度不高

1. 家里的经济条件有限，买不起这样的房子。(　　)

2. 他决心把自己有限的生命献给祖国的航天事业。(　　)

3. 世界上祖母绿宝石的产量非常有限。(　　)

4. 必须树立正确的观点，认识到自然资源的有限性。(　　)

扰动：A、名词，动荡，骚乱　　B、动词，干扰，搅动

1. 地产政策调控和美元反弹是经济扩张期的短期扰动。(　　)

2. 地面温度升高，扰动气流迅速增强。(　　)

3. 在一个充满纷争、扰动和斗争的世界，人们都异常渴望和平。(　　)

4. 市场扰动的日益加剧导致了企业的经营风险的急剧增加。(　　)

五　用指定词语完成句子或对话

1. 一个国家的消费水平____________________________。（休戚相关）

2. A：公司派我出国我觉得并不是什么好事，到那边人生地不熟，语言也不通。

   B：____________________________！（得了便宜还卖乖）

3. 对于这次与远东公司的谈判，____________________________。（倾向于）

4. 美国的次贷危机________________________________。（震荡）

5. 这次重大事故，________________________________。（难辞其咎）

六 排列句子顺序

1. A. 而黄金现在除了能做首饰、储藏，其工业价值也在不断发掘
   B. 所以，黄金的价格从一个比较长期的阶段看只会上涨
   C. 在过去几年中，黄金持续升值
   D. 同时，黄金作为稀有金属，其储藏量随着开采日益减少，中国有句话“物以稀为贵”

   （　　）（　　）（　　）（　　）

2. A. 但从中长期来看，由于存在物价、劳动力价格差异
   B. 要不就是对外升值
   C. 人民币要不对内贬值（通货膨胀）
   D. 尽管短期来看，中国再次改变汇率制度的可能性并不大

   （　　）（　　）（　　）（　　）

3. A. 同时可以用本币干预外汇市场
   B. 对于中国而言，这可以避免外汇储备过度累积造成的流动性过剩
   C. 本币国际化意味着货币发行国可以用本币进行对外贸易与国际投资的结算
   D. 以及流动性过剩引发的通货膨胀与资产价格泡沫

   （　　）（　　）（　　）（　　）

4. A. 这意味着中国政府必须调整出口导向的发展战略
   B. 随着中国潜在产能的进一步扩大
   C. 次贷危机的爆发显示
   D. 世界市场对中国出口的容纳能力必然是有限的

   （　　）（　　）（　　）（　　）

七 成段表达，300—400字

1. 谈谈你对汇率的理解。
2. 结合你们国家的情况，谈谈人民币如何成为国际货币或强势货币。
3. 查资料，概括说明汇市上的投机活动。

八 阅读短文，回答问题

货币国际化（Currency Internationalization）是指特定货币由国别货币成长为国际货币的过程。而国际货币是指在全球贸易与投资中扮演着计价尺度、交易媒介和储藏手段的货币，它既可能是国别货币（例如美元），也可能是区域性货币（例如欧元），或者是某种贵金属（例如黄金）。迄今为止，已经成功国际化的全球性货币包括美元、英镑、欧元等。

中国国内关于人民币国际化的呼声最早出现于20世纪90年代。但直到次贷危机全面爆发前，人民币国际化并未成为中国政府真正考虑的选择。制约人民币国际化进程的因素主要包括以下几类：

第一类是经济发展阶段的限制。一般而言，只有发达国家才有将本币国际化的强烈动机，而中国仍是一个发展中国家，人均GDP水平和人均资源拥有量均相当低。

第二类是中国经济制度的限制。其一，中国尚未全面开放资本项目，人民币也非完全自由兑换，这限制了中国通过资本项目向外输出人民币；其二，由于中国长期以来实施出口导向的发展战略，这意味着人民币汇率并非自由浮动，在很大程度上存在政府干预，这制约了境内外人民币远期汇率市场的培育，从而限制了境外居民与企业持有人民币的意愿（因为缺乏对冲持有人民币汇率风险的工具）。

第三类是中国金融市场发展阶段的限制。目前除B股市场与合格境外机构投资者（QFII）机制外，外国投资者不得直接投资中国资本市场，中国境外也缺乏以人民币计价的金融产品，这限制了人民币成长为一种国际储备货币。

第四类是中国政府对外策略的限制。中国政府长期以来奉行韬光养晦、不当头的对外策略，因此缺乏推动本币国际化的强烈意愿。

然而，自2008年9月美国次贷危机演变为全球金融危机之后，中国政府对人民币国际化的态度明显由冷转热。2008年年底至今，中国政府已经在两个方面取得重要进展。第一，中国已经与韩国、马来西亚、白俄罗斯、印度尼西亚、阿根廷等国家或地区签署了总额6500亿人民币、期限3年的双边本币互换；第二，中国开始加快人民币在跨境贸易结算中的试点工作。2008年12月，国务院常务会议明确表示，将对广东和长江三角洲地区与港澳地区、广西和云南与东盟的货物贸易进行人民币结算试点。两会期间，央行官员透露，国务院已经确认人民币跨境结算将在香港展开试点，3月底可能出台珠三角与香港地区之间的人民币贸易结算制度。国务院常务会议4月8日推出了第一批跨境贸易人民币试点结算城市，包括上海市和广东省广州、深圳、珠海、东莞4城市。

双边本币互换与人民币跨境贸易结算具有相辅相成的关系。例如，如果外国进口商在进口中国商品时，需要以人民币计价并进行支付，该进口商可以向该国商业银行提出人民币借款申请，该国商业银行可以向该国央行拆借人民币资金，而该国央行则可以通过与中国央行的货币互换来解决人民币资金来源问题。因此，双边本币互换在很大程度上并非中国政府与其他国家政府合作应对危机冲击的举措，而是为人民币进行跨境贸易结算试点配套的制度安排。中国政府如果要帮助其他国家应对金融危机，最恰当的方式是与其他国家签署双边美元互换，因为人民币不能被其他国家用来干预外汇市场。

反过来，如果运用得当，双边本币互换也能够成为中国政府回收海外人民币的一种渠道。例如，当外国出口商通过向中国出口商品获得人民币货款后，该出口商可以向该国商业银行兑换本币，该国商业银行再向该国央行兑换本币，最终该国央行通过与中国央行的双边本币互换，最终把人民币返还给中国。

不难预测，中国政府将在未来一段时间内继续加速推进人民币国际化。一方面，中国将与更多的国家签署双边本币互换，尤其是与泰国、菲律宾、越南等东盟国家以及俄罗斯等重要贸易伙伴；另一方面，中国将批准更多的人民币跨境贸易试点结算城市，尤其是与东盟各国联系紧密的昆明、南宁，以及中国重点发展的金融中心城市天津等。

（根据张明发表于《21世纪经济报道》的文章改写）

1. 解释词语

（1）呼声

（2）韬光养晦

（3）不当头

（4）相辅相成

2. 回答问题

（1）什么时候中国政府开始考虑人民币国际化？为什么？

（2）双边本币互换有什么好处？

（3）国际货币有什么重要的作用？

3. 用 100 个字左右概括这篇短文的主要内容

小组任务

三个题目任选一个：

一、谈谈你对汇率和价格关系的看法。

二、谈谈汇率变动对某一国家或地区经济的影响。

三、谈谈你对中国汇率改革的看法。

要求：

1. 每组报告的字数在2000字以上；
2. 小组各成员必须分工明确，每人负责报告的一部分；
3. 小组中必须有一人负责总结本小组的报告内容；
4. 报告时必须使用PPT；
5. 报告要尽量模仿课文的篇章结构并使用本课学习的词语和表达结构。

第八课

王者归来——联想“乡镇普及计划”

音频

预习提示

- 谈谈你对“联想”品牌的了解。
- 根据课文题目，猜测一下课文的主要内容。
- 猜测一下“乡镇普及计划”的主要内容。

课 文

2004年夏季，联想利用“名牌+低价”的策略，在芯片新巨人AMD的鼎力支持下，开始了融化冻土的“全民电脑”计划。他们于8月3日正式发布了四款基于AMD“SEMPRON”（闪龙）芯片，包含显示器及光驱的超低价“圆梦”系列电脑，其中价格最低的一款仅2999元。截至12月下旬，联想“圆梦”系列电脑在全国的销量已经突破100万台！这意味着，联想集团当初制定的一年内该款电脑销售80万至100万台的目标已提前半年完成。联想撬动乡镇冻土的这一系列举措不仅冲破并重新制定了国内PC价格体系，而且将市场节奏掌控在自己手中，创造了扩大市场份额、打击竞争对手、提升与上游厂商议价能力、深度拓展渠道以及加速渗透品牌影响力、扩大传播效果等一举多得的效应。

联想为什么要推出超低价的电脑，他们又是如何做到产生上述诸多的良性效应的呢？下面我们对联想所采取的营销策略一一进行分析。

王者下乡，掌控市场节奏

虽然在国内PC市场依然称雄，但联想面临的竞争压力越来越大。戴尔、惠普不断向联想的王位发起挑战，方正、TCL等国产品牌也磨刀霍霍、蓄势待发。联想在经营上受到的压力，迫使杨元庆要在短时间内找到能够突破销售额瓶颈的有效途径。另一方面，2001年，中国三级以下乡镇城市的电脑需求量是26.2%，2003年是37%，每年都保持着近

50%的增长速度，而与之相背离的是，这些市场的电脑普及率非常之低，且大部分为组装机。有数据表明，这几年，中国的一级城市，家用电脑的普及率已经达到了25%，二级城市也达到了10%，但众多的县级城市电脑普及率却只有5%。也就是说，在中低收入人口群体中有一个庞大的PC销售“冻土层”。

面对乡镇市场电脑需求的可预见性增长空间，以及乡镇市场3000至5000元的价格心理承受能力，联想在2004年8月初正式推出了专门针对乡镇市场的电脑产品——在保证品质的前提下，最低价格仅为2999元的“圆梦”系列。

“联想品牌 + AMD平台 + 2999元”，此消息一发布即成为媒体追逐的热点。

重归核心业务的联想以低价“圆梦”系列而推出的“乡镇普及计划”，意在解决市场份额止步不前的状态。历史总有惊人的相似，联想在1996年推出的“万元奔腾”，一举把主流奔腾电脑价格拉至万元以下，成为国内市场的龙头。此番力推“乡镇电脑”，重又上演了一次“王者归来”。

仅仅在联想宣布计划两天后，8月5日，另一家PC及服务器厂商浪潮就爆出了1999元的价格（不包括显示器）。浪潮话音未落，清华紫光也推出了一个“千城计划”，剑锋直指联想的“乡镇普及计划”。占据国内PC厂商第二把交椅的方正科技同样也表示了对4至6级市场的极大兴趣。神舟随即推出了一款2798元的电脑，TCL旗下的两款电脑也立即分别降价800元。

就在众厂商进行价格大战的同时，联想却把此次的价格战役升级为“价值战”。联想集团副总裁陈绍鹏特别指出，“圆梦”系列产品强调的是性价比，而不仅仅是低配置、低价格，其毛利率与联想其他产品一样。作为佐证，9月，“圆梦”电脑又获《中国电脑教育报》“最佳性价比奖”。

这是继《中国计算机报》年度“娱乐之星”的重要奖项——硬件之星——最具超值奖后，“圆梦”电脑荣获的第二块金牌。

结盟上游厂商，加大话语权

在经济一体化的时代，结盟、联合是未来市场竞争中的一种策略趋势，这意味着从单个企业间的竞争，变成企业联盟、企业网络之间的竞争。这考验的是企业在竞争环境下，能否创造和维持一个有价值的联盟。未来的市场竞争，从某种意义上说，就是企业联盟能力的一种竞争。

联想 2999 元“圆梦”系列电脑的推出恰恰是联合了五大上游厂商的杰作。AMD、唯冠、精英电脑、威盛电子、迈拓，这些业内强势零部件供应厂商在“圆梦”系列中，都和联想紧紧地站在了一起。据业内人士分析，仅以此次联想采用的 AMD 新款 CPU“SEMPRON”来看，就将联想的 CPU 成本从 45 美元降到了 35 美元以下。

而联想此番弃芯片业霸主英特尔，转和 AMD 合作更是被称为“有血性”的举动。毫无疑问，联想正是抓住了英特尔与 AMD 博弈的机会，并且最大限度地利用这种机会为自己创造出了市场价值。选择 AMD 与英特尔制衡，意味着联想对上游厂商的话语权开始加强。

短链分销，加速渠道深耕

面向 4 至 6 级市场推出 2999 元的乡镇电脑，对渠道的要求与考验是前所未有的。因为其在市场区隔上与原有大分销网络所辐射的 1 至 3 级市场有明显不同。

联想为此专门实施了“短链分销”策略。在各省指定分销商包销，并在4至6级城市指定代理商销售，将产品直接送到分销商和地方代理手中。联想集团副总裁陈绍鹏明确表示，联想实施短链分销策略，是建立在已经对渠道进行了很好的区隔，并对分销伙伴重新梳理、架构、定位之上的，再配合清晰严格的销售管理规则，实施的目的就是为了让产品最直接、快速地到达目标客户群。

对于乡镇级市场的开拓，联想认为其完备的渠道体系和强大的服务保障是基础。2004年4月1日，联想新财年开始之际，通过调整形成的18个分区、108个销售网络的渠道体系，是联想此波行动的伏笔。这18个分区具备人力资源、财务、行政后勤、商务人员编制，具有独立的市场运作和决策权，大大贴近了一线市场。有所不同的是，各区将不再按照以前各产品事业部的结构，设置商用PC、消费PC、服务器等首席代表、业务代表，而是按照客户分类，设置零售渠道、客户渠道、大客户三大业务处，完全以客户为导向，整合资源。

18个分区、108个网格连接成一张密实的网，罩住了全国各个区域市场。这种密实的渠道构建使得联想更加贴近客户，组织变阵井然有序，同时零售渠道扩展到4000余家，触角延伸到了更小的乡镇。

在销售模式上，采用“包田到户”的方式，将一片区域内“圆梦”的推广和销售、服务整合给一个代理商，并设立乡镇电脑销售中心，为消费者提供一体化的服务。

把“圆梦”电脑当作钥匙来打开4至6级市场大门的同时，借助联想的渠道运作能力和大联想渠道伙伴的力量，联想已经成功将销售能力渗透到乡镇地区。

由此可见，联想此次低价PC计划亦是联想跨过区域大分销，直接面对渠道下游资源的一次预演。

先入为主，品牌影响力深度渗透

品牌机低价下乡，特别是国内最大PC品牌——联想电脑下乡，无论销量多少，本身就是一个吸引眼球、极具营销价值的市场策略。

首先，联想2999元电脑的推出具有巨大的轰动效应。2999元这个价格突破了长久以来人们对PC价格的心理底线。再加上媒体的推波助澜，联想收获了花再多钱也得不到的广告效果。同时也进一步巩固了自己中国PC业老大的位置。

其次，先入为主的策略让联想在低端市场的竞争中抢占了先机。在PC利润渐渐摊薄的市场态势中，低端市场成为一块蕴含市场希望的巨大“处女地”。联想此举一方面阻击了消费者购买竞争对手的产品，另一方面，联想电脑价格高不可攀的形象也有所改变。

有意思的是，在众多的乡村公路沿途的一些围墙上，联想电脑的广告非常显眼地刷于其上，加之联想在西柏坡首发的“圆梦快车千校行”等宣传推广活动，使联想的品牌影响力正在以比销量增长更快的速度，开始深度渗透于乡村市场。

此次“乡镇普及计划”，低价、短链销售、针对性的服务策略，联想显然有备而来，目的就是撬动乡镇冻土。尽管由于对市场潜能、渠道冲突、利润控制等方面的顾虑，联想2999元电脑的推出多少有那么点“雷声大雨点小”的意味，但对于正在寻求技术、制造和全球化方面突破的联想来说，此番放下身段和架子，以务实的态度，回归到中国更具前景和优势的潜力市场中，可能会成为真正带动联想增长的“核武器”。

（根据齐馨发表于《成功营销》的文章改写）

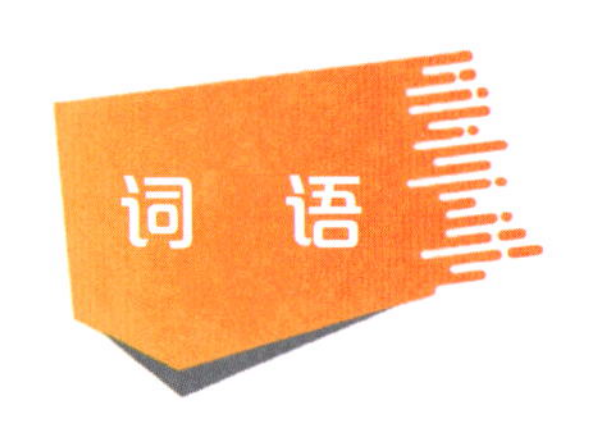

1. 鼎力	（副）	dǐnglì	鼎力支持 / 鼎力相助 / 鼎力之作
2. 冻土	（名）	dòngtǔ	驯鹿全年都在冻土地带生存。
3. 撬动	（动）	qiàodòng	撬动市场 / 撬动利益 / 撬动格局
4. 冲破	（动）	chōngpò	冲破牢笼 / 冲破禁锢 / 冲破 + 数量
5. 掌控	（动）	zhǎngkòng	掌控局面 / 掌控市场 / 失去掌控
6. 拓展	（动）	tuòzhǎn	拓展市场 / 拓展业务
7. 渗透	（动）	shèntòu	我们公司的产品正在往农村市场渗透。
8. 称雄	（动）	chēngxióng	凭借过硬的产品质量，我们公司在市场上称雄多年。
9. 磨刀霍霍		módāo-huòhuò	战士们磨刀霍霍准备展开新一轮进攻。
10. 蓄势待发		xùshì-dàifā	公司的新产品蓄势待发，抢占国内的中低端市场。
11. 瓶颈	（名）	píngjǐng	核心技术是公司发展的瓶颈。
12. 背离	（动）	bèilí	背离……的主题 / 背离……要求
13. 普及率	（名）	pǔjílǜ	目前中国的互联网普及率已达到 60%。
14. 预见	（动）	yùjiàn	他睿智地预见到了国家的未来。
15. 追逐	（动）	zhuīzhú	追逐利润 / 追逐名利 / 追逐地位
16. 止步不前		zhǐbù-bùqián	年轻人要不断努力，不能满足现状，止步不前。
17. 话音未落		huàyīn-wèiluò	她的话音未落，他就高兴地跳起来了。
18. 旗下	（名）	qíxià	旗下公司 / 旗下品牌 / 旗下产品
19. 性价比	（名）	xìngjiàbǐ	这款手机的性价比非常高。

20. 佐证	（名）	zuǒzhèng	伪造的单据是他贪污的佐证。
21. 结盟		jié méng	与……结盟
22. 话语权	（名）	huàyǔquán	加大话语权 / 争取话语权 / 没有话语权
23. 霸主	（名）	bàzhǔ	我们公司是软件行业的霸主。
24. 博弈	（动）	bóyì	与……博弈 / 一场博弈 / 展开博弈
25. 制衡	（动）	zhìhéng	相互制衡 / 制衡作用
26. 前所未有		qiánsuǒwèiyǒu	我们公司遭遇了前所未有的危机。
27. 伏笔	（名）	fúbǐ	埋下伏笔 / 留下伏笔
28. 贴近	（动）	tiējìn	贴近生活 / 贴近老百姓 / 贴近现实
29. 井然有序		jǐngrán-yǒuxù	公司员工各司其职，生产车间井然有序。
30. 先入为主		xiānrù-wéizhǔ	华为先入为主，最先发布了最新的折叠屏手机。
31. 轰动	（名）	hōngdòng	轰动一时 / 引起轰动 / 巨大的轰动
32. 推波助澜		tuībō-zhùlán	粉丝为自己喜欢的明星刷量，而新媒体平台则在背后推波助澜 。
33. 摊薄	（动）	tānbáo	摊薄利润 / 摊薄成本 / 摊薄效益
34. 蕴含	（动）	yùnhán	蕴含机遇 / 蕴含哲理 / 蕴含商机
35. 处女地	（名）	chǔnǚdì	春节期间的私家车托运是运输领域的处女地。
36. 高不可攀		gāobùkěpān	公司新推出的产品改变了之前让普通消费者高不可攀的印象。
37. 显眼	（形）	xiǎnyǎn	他们把新电影的海报贴在附近每个显眼的位置。
38. 有备而来		yǒubèi'érlái	招标大会上，各个竞标单位都有备而来。
39. 顾虑	（名）	gùlǜ	消除顾虑 / 打消顾虑 / 有所顾虑
40. 身段	（名）	shēnduàn	放下身段
41. 务实	（形）	wùshí	公司提倡勤奋、务实的工作作风。

语法

一、在芯片新巨人 AMD 的鼎力支持下

“在……支持下”，介词结构，在句子中作状语。

例如：

（1）在玩家们的期待和支持下，《神兽》火爆的人气给凛冽的寒冬带来了阵阵热潮。

（2）“十三五”期间，在国家的大力支持下，我国信息产业得到了高速发展。

练习：

（1）________________，我们公司取得了长足的发展。

（2）________________，我来到中国留学。

二、他们于 8 月 3 日正式发布了四款基于 AMD “SEMPRON”（闪龙）芯片

“发布”，动词，表示公开宣布，发布的内容一般是命令、指示、新闻、新产品等。一般用于较正式的场合。

例如：

（1）中国人民银行今天对外发布了 2019 年中国货币政策大事记。

（2）年初，NEC 就以 P 系列 3 款专业液晶显示器的大手笔发布而颇受关注。

（3）去年 10 月，中国有关部门发布了新修订的政府采购法规。

练习：

（1）昨天你参加________________________？

（2）真没想到老板竟然________________________。

三、联想撬动乡镇冻土的这一系列举措不仅冲破并重新制定了国内PC价格体系

“撬动”，指用某种工具撬起或移动重物。多比喻突破困难或对新领域的开拓。

例如：

（1）山寨机已经深深地扎根于农村，甚至可以说，山寨机率先撬动了农村通信市场。

（2）美国的华尔街以房地产为支点，通过多层次金融产品创新，撬动了一个巨大的虚拟财富。

（3）家电下乡政策对农村市场的刺激，成为去年撬动消费的亮点之一。

练习：

（1）我们公司推出的外卖平台，____________________。

（2）这次改革可能会____________________。

四、他们又是如何做到产生上述诸多的良性效应的呢

“诸多”，许多，好些个，多用于抽象事物。后接名词或名词性动词。

例如：

（1）为了实现诚信的目标，淘宝不仅不断改革升级信用评价体系，更在深层次上做出诸多努力。

（2）春节期间，像宜家、多样屋、特力屋等诸多门店连日人头攒动，异常火爆。

（3）春晚结束后，关于央视春晚的“植入广告”，引发公众诸多质疑。

练习：

（1）刚到中国时，____________________。

（2）公司在发展过程中____________________。

五、戴尔、惠普不断向联想的王位发起挑战

"不断"，副词，不间断，不停止，修饰动词。有时也可以直接作谓语。

例如：

（1）近几年，在线教育所带来的产业规模不断扩大。

（2）随着制度的不断完善，有关部门对国企高管的薪酬管理不断加强。

（3）深圳彩民方先生最近好事不断，工作上职位升迁，家庭方面喜获千金，而日前刮彩票，竟然又刮出了深圳市首个"全运会"25万元大奖。

练习：

（1）随着经济的发展，____________________________。

（2）随着市场占有率的提高，____________________________。

六、而与之相背离的是，这些市场的电脑普及率非常之低

"之"，古汉语遗留用法。在现代汉语中，可以作代词，代替上文的内容，也可以作助词，类似"的"。现代汉语中，以下情况只能用"之"：……之一；……分之……；动+……之+所+动；……之于（=对于）……；……之所以……；之流/之类；……之多/之久/之极/之至；非常之……。

例如：

（1）她一直坚持在每一季产品中融入中国文化的意念与元素，并将之作为品牌永恒不变的经典。

（2）自公布之日起，该企业一年内参与物业服务项目招投标的资格也将被取消。

（3）中国东西部地区经济差距正在持续缩小，态势已持续约5年之久。

七、此消息一发布即成为媒体追逐的热点

“即”，可以作动词，表示判断或用来解释说明前面的部分，书面语。也可以作副词，用法同“就”，意思是立即、马上。

例如：

（1）国际竞争越来越表现为综合实力的竞争，即不仅表现为“硬实力”的竞争，更表现为“软实力”的竞争。

（2）在开盘前两天，独栋写字楼即被国内某知名企业以3亿高价整栋购买。

（3）最重要的，二手房即买即住。

（4）你放心，我跟他一说即妥，根本不费力气。

练习：

（1）复苏经济必须重新启动拉引经济成长的三大引擎，____________________。

（2）她一直非常重视新技术的引进，当上总经理之后____________________。

八、神舟随即推出了一款2798元的电脑

“随即”，随后就，立刻。可以直接修饰动词作状语，也可单独使用，具有连接前后句的作用，表示前后两件事紧挨着。

例如：

（1）你们先走，我随即动身。

（2）已经夜里12点了，女儿还没有回家。随即，他发动亲友一起寻找女儿。

练习：

（1）接到通知，______________________________。

（2）我们的新产品刚刚降价，________________________。

九、联想2999元“圆梦”系列电脑的推出恰恰是联合了五大上游厂商的杰作

“恰恰”，副词，正好，正。

例如：

（1）品牌恰恰是企业价值的一部分，是创造高附加值所不可缺少的。

（2）创业本身充满了风险，而高校教育恰恰缺乏风险教育。

（3）随着网游产业进一步发展，玩家收入与年龄的提高是大势所趋，而中青宝恰恰是这一趋势的受益者。

练习：

（1）这次的市场成功______________________________。

（2）这一点看起来微不足道，但______________________________。

十、毫无疑问，联想正是抓住了英特尔与AMD博弈的机会

“毫无”，完全没有，后多接名词性成分。

例如：

（1）要说成就，李娜毫无疑问是中国网球第一人。

（2）然而可悲的是，稀土、钨等稀有金属资源一直被毫无节制地滥采贱卖。

（3）美国指责中国政府操纵汇率，毫无事实根据。

练习：

（1）我们认为对方提出的索赔要求______________________________。

（2）由于我们做了充分的准备，这次比赛的结果____。

十一、联想收获了花再多钱也得不到的广告效果

“再……也＋否定结构”，用来表示情况的不可能或不应该，有时也表示最……。

例如：

（1）为了得到冠军，再苦再难我也不怕。

（2）花再多钱也买不到人的真感情。

（3）就是再忙也不能忽略了自己的家人和朋友。

（4）要是你跟我一起去就再好不过了。

练习：

（1）平时你太忙了，但________________。

（2）产品质量至关重要，利润________________。

十二、联想2999元电脑的推出多少有那么点“雷声大雨点小”的意味

“雷声大雨点小”，习惯用语。表示虚张声势或做事虎头蛇尾。常带有不满或指责的感情色彩。

例如：

（1）国土部将开展的查圈地开发商行动，倘若没有严厉的惩治措施跟进，若没有地方政府的切实贯彻执行，最终可能还是逃不了雷声大雨点小的尴尬局面。

（2）最近各大企业宣讲会轮番登陆校园，但是一些大学生在满怀期望赶场的同时，却发出了“雷声大雨点小”的感慨。

（3）一些地方的评议活动雷声大雨点小，群众的意见最终只成为一种“参考”，令群众的参与积极性受挫。

练习：

（1）每次公司的改革都______________________。

（2）举一个“雷声大雨点小”的具体实例。

知识及术语

1. 性价比（Cost Performance）

全称是性能价格比，是一个性能与价格之间的比例关系，具体公式：性价比 = 性能 / 价格。

2. 毛利率（Gross Profit Margin）

是毛利与销售收入（或营业收入）的百分比，其中毛利是收入和与收入相对应的营业成本之间的差额，用公式表示：毛利率 = 毛利 / 营业收入 ×100%=（营业收入 − 营业成本）/ 营业收入 ×100%

3. 渠道（Marketing Channel）

商业上又称网络，是商品的流通路线，指厂家的商品通过一定的社会网络或代理商而卖向不同的区域，以达到销售的目的。

4. 市场区隔 (Market Segment)

指把消费者依不同的需求、特征区分成若干个不同的群体，形成不同的消费群。市场区隔不只是静态的概念，更是动态的过程，是了解某一群特定消费者的特定需求，通过新产品或新服务或新的沟通形式，使消费者从认知到使用产品或服务并回馈相关信息的过程。

5. 分销网络（Distribution Network）

是分销过程中所涉及的一系列相互联系、相互依赖的组织和个人的集合。这些组织和个人通过分工和协作，形成系统的跨越企业边界的网络组织，使商品和服务能够有效地从生产者转移至消费者和用户手中。分销网络是网络组织的一种特定模式，也可以称之为是以独立个体或群体为结点，以彼此之间复杂多样的经济连接为线路而形成的介于企业与市场之间的一种制度安排。因此，它具有网络组织的一些典型特征，如合作性、创造性及复杂性等。

练习

一 根据课文内容判断正误

1. 联想在国内市场已经失去了老大的地位，迫不得已推出超低价电脑。（ ）
2. 中低收入人口群体是目前电脑消费中一个非常有潜力的群体。（ ）
3. “圆梦”系列电脑的成功主要靠的就是低价位、低配置。（ ）
4. 联想 2999 元“圆梦”系列电脑的推出恰恰是联合了五大上游厂商的杰作。（ ）
5. “圆梦”系列电脑采用的是 AMD 的芯片，原因是英特尔公司放弃了联想公司。（ ）
6. 英特尔和 AMD 关系很好，都是联想的合作伙伴。（ ）
7. 完备的渠道体系和强大的服务保障是联想开拓乡镇市场的基础。（ ）
8. 在实施“乡镇普及计划”之前，联想就对其销售网络进行了调整和改革。（ ）
9. 联想集团为了推广“圆梦”系列电脑花费了大量的广告费用。（ ）
10. 联想更大的目标是在技术、制造和国际化方面寻求新的突破。（ ）

二 根据课文，解释画线词语的意思

1. 在芯片新巨人 AMD 的鼎力支持下，开始了融化冻土的“全民电脑”计划。

2. 方正、TCL 等国产品牌也磨刀霍霍、蓄势待发。

3. 联想在经营上受到的压力，迫使杨元庆要在短时间内找到能够突破销售额瓶颈的有效途径。

4. 此消息一发布即成为媒体追逐的热点。

5. 此番力推“乡镇电脑”，重又上演了一次“王者归来”。

6. 浪潮话音未落，清华紫光也推出了一个“千城计划”，剑锋直指联想的“乡镇普及计划”。

7. 占据国内 PC 厂商第二把交椅的方正科技同样也表示了对 4 至 6 级市场的极大兴趣。

8. AMD 、唯冠、精英电脑、威盛电子、迈拓，这些业内强势零部件供应厂商在“圆梦”系列中，都和联想紧紧地站在了一起。

9. 而联想此番弃芯片业霸主英特尔，转和 AMD 合作更是被称为“有血性”的举动。

10. 在 PC 利润渐渐摊薄的市场态势中，低端市场成为一块蕴含市场希望的巨大“处女地”。

三 选择近义词填空

联盟—结盟	打击—阻击	违背—背离	面对—面临	设立—设置
措施—举措	发布—公布	掌控—把握—掌握	打破—突破—冲破	

1. 世界上大多数国家都通过________专业金融机构对中小企业提供信贷支持。

2. 国际电信________周二表示，今年全球手机用户数量将超过 50 亿。

3. 今年，我省在坚决惩处受贿行为的同时，也会加大对行贿行为的________力度。

4. 小虎队创造和________了多项中国、世界纪录协会的中国之最、世界之最。

5. 任何________经济规律及大多数老百姓意愿的经济政策，最终必然遭受惩罚。

6. ________如此巨大的市场，涂料企业也使出了浑身解数，重金支持新产品研发。

7. 营销和零售是整条产业链里面最有价值、能够创造出最多盈余的环节，但都不是我们中国企业所控制的，基本上都________在欧美国家手中。

8. 日本央行在2018年12月至2019年4月期间推出了一系列刺激经济的________。

9. 美国经济复苏“非常不平衡”，个人投资和股价上涨推动复苏，但住房市场、汽车工业和小企业仍然________挑战。

10. 推进公共机构节能，是转变发展方式的重要____________，是建设资源节约型、环境友好型社会的必然要求。

11. 短期因素对于市场影响的规律性已经愈发难以________。

12. 中国人都是在根深蒂固的中国文化中长大成人的，________中国文化，其本质是________中国的多数人。

13. 去年我市体育彩票销售收入首次________2亿元，达到23278万元。

14. 为了避免国外竞争对手的专利________，创维在美国市场一直走中小渠道，销售规模保持在10万至20万台。

15. 按照学校的通知，考试成绩将于考试后两周内________。

16. 谷歌公司与美国国家安全局的________最近突然遭受大量批评。

17. 在使用搜索功能的时候，关键词的________显得尤为重要。

18. 工人们无比愤怒，一致同意________一切阻力，按时召开大会。

19. 广西公安边防总队根据匿名群众举报，________到一条可靠线索。

20. 我们公司最近刚刚________了最新研制的产品。

四 给下列词语选择合适的义项，注意体会词语在特定领域的用法

渠道：A、用来引水的水道　B、指商品销售线路　C、比喻门路或途径

1. 渠道是任何商品流通的关键所在，尤其在IT行业内更是得渠道者得天下。（　　）

2. 记者近日从权威渠道获悉，今年国土部将可能出台相关细则，对房地产企业非法取得土地、囤地、不按时开发等各种土地违法行为进行认定。(　　)

3. 目前，由于香港欠缺人民币投资工具，企业手持的人民币没有太多使用渠道。(　　)

4. 中国建筑材料流通协会一直都在鼓励建材卖场拓宽下乡渠道，扩大自己的网点。(　　)

5. 由于连续干旱，路旁的所有渠道都干涸了。(　　)

瓶颈：A、瓶子上端较细的部位　　B、比喻制约发展、造成困难和阻碍的关键环节

1. 无价的自然环境，尚待改进的生活环境，是目前海南发展的一个瓶颈。(　　)

2. 在此轮行业调整中，抓住机遇、克服行业发展瓶颈成为我国快递业未来发展的关键。(　　)

3. 这个花瓶的瓶颈上有一个瑕疵，不然拍卖价格会更好。(　　)

追逐：A、追赶　　B、追求

1. "流行"一词不仅在时尚界非常重要，在汽车界也显得尤为重要，层出不穷的新车总让人们有追逐流行的理由。(　　)

2. 一个企业要追求稳定发展，利润应该掌握在合理范围，盲目追逐太高的利润，企业肯定搞不好。(　　)

3. 房地产不但受国内投资者青睐，也是外资追逐的焦点。(　　)

4.《名扬四海》的故事关于梦想，而追逐梦想正是一个千百年来都不曾改变过的经典热门话题。(　　)

触角：A、动物身体最前端的一个部分　　B、指发展或行动的方向

1. 除了中国，美国也意图把互联网外交的触角伸向俄罗斯。(　　)

2. 研究人员首次发现，印度洋底有两种章鱼在逃避猎食者时能用两只触角走路，并同时用其他 6 只触角做伪装。(　　)

3. 苹果向来以优质电子产品见长，现在又把触角延伸至图书领域。(　　)

4. 英国馆最大的创意在于，它浑身长满了 60686 根“触角”。(　　)

五 选择合适的成语改写句子

井然有序	高不可攀	前所未有	止步不前	有备而来
推波助澜	磨刀霍霍	先入为主	蓄势待发	一举两得

1. 在此次国际金融危机的冲击下，结构失衡问题的弊端充分显现，给我国的经济运行带来了从来没有过的困难。

____

2. 无论是国内知名网店，还是大大小小的论坛上，白领都等待着机会，准备一旦开始打折就去疯狂扫货。

____

3. 在外观设计上，赛拉图欧风独具匠心，给人以随时准备出发、激情无限的视觉效果。

____

4. 以往“国考”的种种硬性要求，成了难以跨越的门槛，令广大农民敬而远之。

____

5. 很多网民在选择网购之前就已经有了一些偏见，认为“网上假货多、不能试用”等。

____

6. 目前很多消费者在持币观望，认为 2020 年楼市可能不会再涨价，甚至有所回落。

____

7. 为了在激烈的竞争中存活下来，很多餐厅不得不减少不需要的开支，而米其林等评分系统则进一步加剧了这种竞争。

____

8. 为了在报名者中脱颖而出，很多选手都做了精心准备，表演的节目也颇费心思。

____

9. 建材下乡可给农民带来实惠，同时又拉动了国内消费，是利国利民的好措施。

____

10. 虽然站内人流量较平日大了很多，但一切都有条不紊。

____

六 用指定的词语完成句子

1. 市场上同类产品的竞争日益激烈，______________________________。（拓展）

2. 外资品牌近年来看好国内市场的消费潜力，______________________________。（不断）

3. ______________________________，（瓶颈）我们必须尽快解决。

4. 这家汽车公司一直以质量和管理享誉全球，但______________________________。（爆出）

5. 这次全球性的金融危机，______________________________。（考验）

6. 合同条款一定要仔细推敲，以免______________________________。（伏笔）

7. 任何产品或服务，______________________________。（贴近）

七 排列句子顺序

1. A. 因此不会增加该公司的收益
   B. 从而导致该公司股价下滑
   C. 联想收购的并不是一项盈利的业务
   D. 而发行新股短期内势必会带来稀释效应
   (　　)(　　)(　　)(　　)

2. A. 但一向对联想倍加关注的专业 BLOG 作者洪波先生并不看好联想品牌国际化的这一招
   B. 尽管有人认为，联想通过收购走了一条捷径
   C. 他认为，“联想要在 3 年时间内，把一个本地品牌做成全球品牌，没点儿非同寻常的大手笔肯定没戏”
   D. 因为 IBM 的计算机业务在美国处于领导地位
   (　　)(　　)(　　)(　　)

3. A. 但不可否认的是
   B. 依然是一个大大的未知数
   C. 即使柳传志对此次并购的前景持乐观态度
   D. 他心里也还在打鼓
   E. 因为新联想究竟如何
   (　　)(　　)(　　)(　　)(　　)

4. A. 但其发展速度已放缓，企业面临多方挑战，此时联想已进入发展的拐点
   B. 联想确立了国际化目标，赞助奥运会，从而进入国际PC舞台
   C. 这个完美的计划使联想感到非常振奋和激动
   D. 2001年，联想虽已成为亚太区最大的PC企业
   E. 而由于从 2000 年开始，IBM 退出了 IOC TOP 合作伙伴行列，更使联想看到了机会
   (　　)(　　)(　　)(　　)(　　)

5. A. 联想不仅能够扩大国际品牌影响力和国际业务
   B. 赞助奥运会为联想在全球范围内带来了丰厚的收获
   C. 也可以进一步地巩固和提升在中国大本营的领导地位
   D. 借助这届奥运会
   （　　）（　　）（　　）（　　）

6. A. 尽管在奥运会、F1、NBA 等大型赛事上都取得了成功
   B. 在 2006 年世界杯期间，联想花 1000 多万元签下了当时处于巅峰、两获“世界足球先生”荣誉的罗纳尔迪尼奥
   C. 自从收购 IBM PC 以来，联想一直坚持体育营销策略
   D. 世界杯之后联想便没有继续与罗纳尔迪尼奥进一步合作
   E. 但罗纳尔迪尼奥却在世界杯上表现糟糕
   （　　）（　　）（　　）（　　）（　　）

7. A. 再想办法进行国际化的扩张对联想而言无疑是一种不错的可行之路
   B. 而邻国的三星借助奥运 TOP 所取得的巨大成功是联想神往已久的
   C. 2001 年正是联想国际化战略的启动之年，因此在哪个点上采用什么方式走向国际化成了摆在联想面前的首要问题
   D. 借助奥运先搭建一个全球的推广平台
   E. 于是，权衡利弊之后，直奔 TOP 成为联想上下一致的目标
   （　　）（　　）（　　）（　　）（　　）

8. A. 一方面是因为联想的国际知名度不够
   B. 另一方面，在全球品牌知名度和渠道方面比联想更有优势的竞争对手们正使出浑身解数与 IOC 接触
   C. 最初，IOC 对联想的态度一直不咸不淡
   D. 甚至部分奥委会官员都不知道联想是做什么的
   （　　）（　　）（　　）（　　）

八 综合填空

作为初次＿1＿奥运的联想，肯定有瑕疵，比如专门＿2＿奥运进行的产品开发明

显不力，都灵冬奥会除了电脑上的五环标志，并没有推出过什么___3___产品。这方面，联想在北京奥运项目上有望改进，北京奥运吉祥物形状的珍藏版U盘已经上市。

另外，联想在整个___4___的过程中，对于TOP这个亮点的渲染集中度不够。联想身上有着太多的新闻点，或许正因如此，反而削弱了最重要的一些___5___价值点。例如，作为一个普通的消费者，或许到现在都很难分辨清楚，联想作为TOP与其他企业作为北京2008赞助商或合作伙伴有何不同。而事实上，“中国第一个奥运会全球合作伙伴”这一卖点___6___让联想傲视中国所有赞助奥运的企业，更是___7___消费者的利器。而联想在这一点上的推广并不鲜明，更为严重的___8___是，可能让伏击营销的企业有机可乘。所谓伏击营销，又称隐蔽营销、寄生营销，是指不具专营权的公司把自己___9___成正式赞助商时所采用的一种___10___。

1. A 帮助	B 捐助	C 赞助	D 资助
2. A 面对	B 针对	C 面临	D 面向
3. A 联合	B 关联	C 联盟	D 联系
4. A 推广	B 推进	C 推动	D 拓展
5. A 中心	B 核心	C 重心	D 重点
6. A 可以	B 完全	C 足以	D 足够
7. A 感动	B 打动	C 牵动	D 触动
8. A 结果	B 成果	C 后果	D 效果
9. A 假装	B 化装	C 打扮	D 伪装
10. A 战略	B 战术	C 策略	D 韬略

九 成段表达，500字左右

1. 用你自己的话概括联想这次“乡镇普及计划”成功的秘诀。
2. 结合资料，谈谈你对联想的了解和认识。
3. 查找资料，介绍联想是如何应对金融危机的。

十 阅读短文，回答问题

在当前风声鹤唳的经济环境下，企业业绩下滑、CEO下课、裁员重组、品牌颠覆等悲剧故事，每天都在媒体上演绎着各种版本，已很难引起一般公众的注意力。但是，只有那些具有标杆意义的品牌企业，其一举一动仍然能在社会上激起声浪。

2008年11月7日，联想集团发布了一份收购IBM PC以来的最差财报，联想董事会主席杨元庆面对这份财报时坦承："这份财报不是一份理想的成绩单，董事会对第二季的业绩感到失望。"很明显，感到失望的并不局限于杨元庆和联想董事会，还有联想的各方利益相关者。

由此也引发了媒体和公众的质疑与猜测。随后，联想通过架构重组、人事调整和公关应对来提振市场信心，但很显然，这次一揽子计划的效果还远未到出成绩的时候。

实际上，联想表现不佳的原因，可以分为几个关键问题来看，史无前例的金融危机固然是导致联想业绩下滑的重要原因之一，但联想自身也存在着诸多问题，其中最受人关注的，主要是多文化融合、战略执行以及在消费品市场尤其是消费笔记本市场的反应迟缓。

一个好的品牌不但表现在市况好的时候能够使交易稳步增长，还表现在经济危机时，抗风险的能力比别人强。

联想在过去两年中，在消费笔记本市场战略上显得犹豫不决，这不仅使联想失去了在国外占领消费市场的机会，也在中国市场给了竞争对手迎头赶上的机会。2007年，惠普消费笔记本实现了273%的增长，与联想消费笔记本份额的差距缩小为0.8%。而联想在这一领域的全球市场份额大约只有4.6%，而且大部分营收来自中国本土。

这一点，使业内人士和媒体对联想的全球化战略和执行能力产生了重大质疑。随之而来的是，联想2008年12月1日正式证实，联想集团副总裁兼全球消费笔记本电脑事业部总经理张晖离职，同时宣布由联想集团消费研发总经理魏骏出任消费笔记本事业部总经理一职。联想官方给出的原因是"个人原因"。

随后，联想集团于1月7日公布了包括裁员在内的重组计划。根据该计划，将于2009年第一季度裁员2500人，约为联想全球所有员工的11%；同时，还将把各高管的薪酬削减30%至50%。对于这一大力度的收缩举措，联想解释说：“这是为了在全球经济不景气的状况中提高效率，保持竞争力。”

重组计划一出台，许多人便称其为“大手笔”，涉及市场方向转移、大区合并、高管更换以及裁员等方面。根据计划，联想集团将整合当前独立运营的大中华及俄罗斯区和亚太区两个大区为一个大区——亚太和俄罗斯区（APR），将由联想集团现任高级副总裁兼大中华和俄罗斯区总裁陈绍鹏担任大区总裁。

重组，无论是一种应对业绩危机的措施，还是出于企业战略行为的需要，对于联想品牌的危机起到了一定的缓解作用，也给了各利益相关方一个交代和希望。但是，不少人认为，联想此次采取战略收缩，主攻中国以及周边的亚太国家，而暂时将一部分精力撤离美欧一些受到经济危机影响比较严重的国家，是联想国际化战略受挫的直接表现。因此，人们对联想及其国际化战略的信心也就开始动摇。杨元庆在很多年前便表示，迈出去的脚不可能再收回。那么，如何继续迈出脚步，联想国际化战略的未来发展方向是什么？很多问题等待着联想的回答。

纵观历史上多次国际化收购，鲜有顺利成功的先例，HP 2001年收购COMPAQ，2005年CEO菲奥莉娜却因经营不善下课，直到2006年3月才超越DELL成为全球PC的霸主；当年ACER收购德州仪器笔记本业务并没有带动ACER业务的增长，甚至曾经一度退出美国市场，只不过运气较好，收获了当时负责意大利业务的兰奇，也正是因为兰奇的突出表现，这几年ACER业务得以迅猛发展。

如何在国际化的过程中真正成为抵御风险能力强的品牌，是联想未来要思考的问题。这里边涉及企业的创新能力、在国内外市场的品牌定位以及文化融合等各方面，公众都希望联想通过重组，不但能够度过危机，实现业绩增长，同时可以真正成为在国际化道路上站得住的品牌。

一个好的品牌必须经历大危机。因此，就联想来说，目前所遭遇的困境也许是好事，是一次重新审视品牌的机会。

（根据杨曦沦发表于《国际公关》的文章改写）

1. 根据短文，解释画线词语的意思

（1）企业业绩下滑、CEO 下课、裁员重组、品牌颠覆等悲剧故事每天都在媒体上演绎着各种版本。

（2）这次一揽子计划的效果还远未到出成绩的时候。

（3）公众都希望联想通过重组同时可以真正成为在国际化道路上站得住的品牌。

2. 解释词语

（1）风声鹤唳

（2）大手笔

3. 回答问题

（1）联想在收购 IBM 后，经营最差的一次是什么时候？为什么？

（2）2008 年联想集团采取了哪些重大的措施来应对金融危机？

（3）你如何看待联想的“重组”？

4. 谈谈你对联想国际化战略的看法，500 字以上

小组任务

两个题目任选一个：

一、跨国并购是很多企业发展的必经之路，结合具体实例谈谈你对此的看法（重点说明利弊关系和如何进一步发展）。

二、营销策略是企业发展非常重要的一环，结合具体实例谈谈营销策略的重要性。

要求：

1. 每组报告的字数在 2000 字以上；
2. 小组各成员必须分工明确，每人负责报告的一部分；
3. 小组中必须有一人负责总结本小组的报告内容；
4. 报告时必须使用 PPT；
5. 报告要尽量模仿课文的篇章结构并使用本课学习的词语和表达结构。

B

霸权	（名）	bàquán	7
霸主	（名）	bàzhǔ	8
宝藏	（名）	bǎozàng	3
爆满	（动）	bàomǎn	1
背离	（动）	bèilí	8
本土	（名）	běntǔ	1
崩溃	（动）	bēngkuì	3
崩盘		bēng pán	3
崩塌	（动）	bēngtā	2
比比皆是		bǐbǐjiēshì	4
边缘性	（名）	biānyuánxìng	7
便捷	（形）	biànjié	5
遍布	（动）	biànbù	5
标杆	（名）	biāogān	4
标签	（名）	biāoqiān	6
飙升	（动）	biāoshēng	4
秉承	（动）	bǐngchéng	1
播映权	（名）	bōyìngquán	1

博弈	（动）	bóyì	8
补贴	（动）	bǔtiē	7
不甘落后		bùgān-luòhòu	4
不可思议		bùkě-sīyì	3
不振	（形）	búzhèn	2

C

惨痛	（形）	cǎntòng	3
策划	（动）	cèhuà	1
差异化	（名）	chāyìhuà	6
畅销	（动）	chàngxiāo	1
倡导	（动）	chàngdǎo	6
抄袭	（动）	chāoxí	6
潮流	（名）	cháoliú	3
炒作	（动）	chǎozuò	3
撤职		chè zhí	5
称雄	（动）	chēngxióng	8
瞠目结舌		chēngmù-jiéshé	4
成效	（名）	chéngxiào	1
呈现	（动）	chéngxiàn	2
持久	（形）	chíjiǔ	7
持续	（动）	chíxù	7
持有	（动）	chíyǒu	7
冲破	（动）	chōngpò	8
重蹈覆辙		chóngdǎo-fùzhé	3
重整旗鼓		chóngzhěng-qígǔ	5
出局		chū jú	5

出台		chū tái	3
处女地	（名）	chǔnǚdì	8
触动	（动）	chùdòng	4
创新	（动）	chuàngxīn	5
从紧	（动）	cóngjǐn	4

D

搭载	（动）	dāzài	6
打白条		dǎ báitiáo	3
打包		dǎ bāo	5
打响	（动）	dǎxiǎng	6
大佬	（名）	dàlǎo	5
诞生	（动）	dànshēng	5
档期	（名）	dàngqī	1
倒卖	（动）	dǎomài	2
到位	（形）	dàowèi	3
得了便宜卖乖		déle piányi mài guāi	7
得益于		déyì yú	2
巅峰	（名）	diānfēng	4
鼎力	（副）	dǐnglì	8
定制	（动）	dìngzhì	6
动辄	（副）	dòngzhé	4
冻土	（名）	dòngtǔ	8
兜头	（动）	dōu tóu	2
独一无二		dúyī-wú'èr	6
对弈	（动）	duìyì	6

F

发扬光大		fāyáng-guāngdà	3
翻番		fān fān	3
反驳	（动）	fǎnbó	7
反弹	（动）	fǎntán	4
防御	（动）	fángyù	4
放缓	（动）	fànghuǎn	6
分摊	（动）	fēntān	7
丰厚	（形）	fēnghòu	6
风驰电掣		fēngchí-diànchè	5
蜂拥而上		fēngyōng'érshàng	6
伏笔	（名）	fúbǐ	8
扶持	（动）	fúchí	1
浮动	（动）	fúdòng	7
赋予	（动）	fùyǔ	3
覆盖	（动）	fùgài	5

G

概莫能外		gàimònéngwài	4
赶超	（动）	gǎnchāo	5
高昂	（形）	gāo'áng	6
高不可攀		gāobùkěpān	8
高歌猛进		gāogē-měngjìn	2
跟进	（动）	gēnjìn	1
公关	（动）	gōngguān	6
勾结	（动）	gōujié	3
顾虑	（名）	gùlǜ	8
观望	（动）	guānwàng	4

管控	（动）	guǎnkòng	2
冠名		guàn míng	6
灌输	（动）	guànshū	1
瑰宝	（名）	guībǎo	6
滚动	（动）	gǔndòng	1
过目不忘		guòmùbúwàng	1

H

捍卫	（动）	hànwèi	2
夯实	（动）	hāngshí	6
毫无	（动）	háowú	3
号召力	（名）	hàozhàolì	1
和谐	（形）	héxié	5
核心	（名）	héxīn	3
轰动	（名）	hōngdòng	8
厚积薄发		hòujī-bófā	6
话音未落		huàyīn-wèiluò	8
话语权	（名）	huàyǔquán	8
回报	（动）	huíbào	6
回暖	（动）	huínuǎn	4
回溯	（动）	huísù	5
活跃	（形）	huóyuè	3
火爆	（形）	huǒbào	4
火上浇油		huǒshàng-jiāoyóu	3

J

几近	（副）	jījìn	4
积累	（动）	jīlěi	3

基因	（名）	jīyīn	6
畸形	（形）	jīxíng	3
跻身	（动）	jīshēn	5
激活	（动）	jīhuó	2
加剧	（动）	jiājù	2
假想	（动）	jiǎxiǎng	7
坚船利炮		jiānchuán-lìpào	3
监管	（动）	jiānguǎn	3
结盟		jié méng	8
借鉴	（动）	jièjiàn	1
紧缩	（动）	jǐnsuō	2
井然有序		jǐngrán-yǒuxù	8
竞标		jìng biāo	5
竞技	（动）	jìngjì	6
静态	（名）	jìngtài	7
狙击	（动）	jūjī	2
居高不下		jūgāobúxià	1
剧增	（动）	jùzēng	2
角力	（动）	juélì	2

K

开源节流		kāiyuán-jiéliú	1
可观	（形）	kěguān	4
空前	（副）	kōngqián	2
口碑	（名）	kǒubēi	6
哭诉	（动）	kūsù	7
库存	（名）	kùcún	2

跨入	（动）	kuàrù	5
跨越	（动）	kuàyuè	5

L

老少咸宜		lǎoshào-xiányí	1
累计	（动）	lěijì	5
力度	（名）	lìdù	1
联赛	（名）	liánsài	6
灵魂	（名）	línghún	3
领跑者	（名）	lǐngpǎozhě	4
垄断	（动）	lǒngduàn	2
掠夺	（动）	lüèduó	3

M

卖点	（名）	màidiǎn	4
门可罗雀		ménkěluóquè	3
门庭若市		méntíng-ruòshì	3
迷思	（名）	mísī	7
民穷财尽		mínqióng-cáijìn	3
敏感	（形）	mǐngǎn	2
名望	（名）	míngwàng	6
名义	（名）	míngyì	7
摸索	（动）	mōsuǒ	1
磨刀霍霍		módāo-huòhuò	8
魔咒	（名）	mózhòu	2
莫不如是		mòbùrúshì	2
慕名而来		mùmíng'érlái	1

N

难辞其咎		náncí-qíjiù	7
内外交困		nèiwài-jiāokùn	2
拟定	（动）	nǐdìng	3

P

霹雳	（名）	pīlì	2
匹配	（动）	pǐpèi	6
频频	（副）	pínpín	4
平庸	（形）	píngyōng	6
评估	（动）	pínggū	5
凭借	（动）	píngjiè	1
屏保	（名）	píngbǎo	1
瓶颈	（名）	píngjǐng	8
颇	（副）	pō	1
颇具	（动）	pōjù	1
颇为	（副）	pōwéi	1
破裂	（动）	pòliè	4
破天荒		pò tiānhuāng	4
普及率	（名）	pǔjílǜ	8

Q

旗下	（名）	qíxià	8
起源	（动）	qǐyuán	3
契合	（动）	qìhé	6
器官	（名）	qìguān	6
牵连	（动）	qiānlián	3
前所未有		qiánsuǒwèiyǒu	8
强势	（名）	qiángshì	7

抢购一空		qiǎnggòuyìkōng	1
撬动	（动）	qiàodòng	8
倾家荡产		qīngjiā-dàngchǎn	3
倾向于		qīngxiàng yú	7
趋势	（名）	qūshì	7
趋向	（动）	qūxiàng	6
渠道	（名）	qúdào	1
诠释	（动）	quánshì	6

R

扰动	（动）	rǎodòng	7
热议	（动）	rèyì	1
任劳任怨		rènláo-rènyuàn	1
融入	（动）	róngrù	1
融资		róng zī	4
如出一辙		rúchūyìzhé	2
睿智	（形）	ruìzhì	3

S

三角债	（名）	sānjiǎozhài	2
三令五申		sānlìng-wǔshēn	2
铩羽而归		shāyǔ'érguī	5
率先	（副）	shuàixiān	5
上座儿		shàng zuòr	1
奢侈品	（名）	shēchǐpǐn	4
身段	（名）	shēnduàn	8
深究	（动）	shēnjiū	7
渗透	（动）	shèntòu	8

失衡	（动）	shīhéng	7
时务	（名）	shíwù	5
势必	（副）	shìbì	2
势头	（名）	shìtóu	4
视若无睹		shìruòwúdǔ	5
收益	（名）	shōuyì	7
首选	（动）	shǒuxuǎn	5
授权	（名）	shòuquán	1
数不胜数		shǔbúshèngshǔ	6
水到渠成		shuǐdào-qúchéng	6
顺势	（动）	shùnshì	6
塑造	（动）	sùzào	6
宿命	（名）	sùmìng	2
遂	（副）	suì	4

T

摊薄	（动）	tānbáo	8
倘若	（连）	tǎngruò	7
套餐	（名）	tàocān	7
套路	（名）	tàolù	6
调节	（动）	tiáojié	7
贴近	（动）	tiējìn	8
同质化	（名）	tóngzhìhuà	6
投机	（动）	tóujī	7
透彻	（形）	tòuchè	3
突变	（名）	tūbiàn	2
突破	（动）	tūpò	2

推波助澜		tuībō-zhùlán	8
推敲	（动）	tuīqiāo	1
拖累	（动）	tuōlěi	4
拓展	（动）	tuòzhǎn	8

W

旺季	（名）	wàngjì	4
旺盛	（形）	wàngshèng	3
望尘莫及		wàngchén-mòjí	5
帷幕	（名）	wéimù	3
维持	（动）	wéichí	4
稳妥	（形）	wěntuǒ	7
务实	（形）	wùshí	8

X

悉数	（副）	xīshù	5
稀缺	（形）	xīquē	4
下滑	（动）	xiàhuá	6
下马		xià mǎ	2
先入为主		xiānrù-wéizhǔ	8
掀起	（动）	xiānqǐ	3
显眼	（形）	xiǎnyǎn	8
相得益彰		xiāngdé-yìzhāng	6
享誉	（动）	xiǎngyù	5
萧条	（形）	xiāotiáo	2
效颦	（动）	xiàopín	3
心悸	（动）	xīnjì	4
性价比	（名）	xìngjiàbǐ	8

雄踞天下		xióngjù-tiānxià	3
休戚相关		xiūqī-xiāngguān	7
蓄势待发		xùshì-dàifā	8
悬念	（名）	xuánniàn	5
炫富	（动）	xuànfù	4
循环	（动）	xúnhuán	4

Y

压价		yā jià	3
延伸	（动）	yánshēn	1
延续	（动）	yánxù	4
延至		yán zhì	3
衍生品	（名）	yǎnshēngpǐn	1
演变	（动）	yǎnbiàn	6
仰慕	（动）	yǎngmù	3
一步之遥		yíbùzhīyáo	4
一举多得		yìjǔ-duōdé	8
一掷千金		yízhì-qiānjīn	4
依赖	（动）	yīlài	5
移师	（动）	yíshī	1
抑制	（动）	yìzhì	4
引咎	（动）	yǐnjiù	5
引擎	（名）	yǐnqíng	2
盈余	（动）	yíngyú	7
赢利	（动）	yínglì	1
优越	（形）	yōuyuè	6
忧虑	（动）	yōulǜ	4

有备而来		yǒubèi'érlái	8
诱发	（动）	yòufā	2
舆论	（名）	yúlùn	6
预见	（动）	yùjiàn	8
怨言	（名）	yuànyán	4
运营	（动）	yùnyíng	3
蕴含	（动）	yùnhán	8

Z

载入史册		zǎirù-shǐcè	3
载体	（名）	zàitǐ	7
债券	（名）	zhàiquàn	2
长盛不衰		chángshèng-bùshuāi	1
掌控	（动）	zhǎngkòng	8
招标		zhāo biāo	5
震荡	（动）	zhèndàng	4
震撼	（动）	zhènhàn	5
拯救	（动）	zhěngjiù	2
整顿	（动）	zhěngdùn	2
证券	（名）	zhèngquàn	3
支撑	（动）	zhīchēng	7
止步不前		zhǐbù-bùqián	8
指标	（名）	zhǐbiāo	7
指望	（动）	zhǐwàng	2
指责	（动）	zhǐzé	7
制衡	（动）	zhìhéng	8
中标		zhòng biāo	5

众所周知		zhòngsuǒzhōuzhī	6
重挫	（动）	zhòngcuò	2
周转量	（名）	zhōuzhuǎnliàng	5
骤然	（副）	zhòurán	2
诸如	（动）	zhūrú	1
主打	（动）	zhǔdǎ	6
主动权	（名）	zhǔdòngquán	5
转型	（动）	zhuǎnxíng	5
赚取	（动）	zhuànqǔ	7
追逐	（动）	zhuīzhú	8
卓有成效		zhuóyǒu-chéngxiào	4
走势	（名）	zǒushì	4
佐证	（名）	zuǒzhèng	8

参考答案

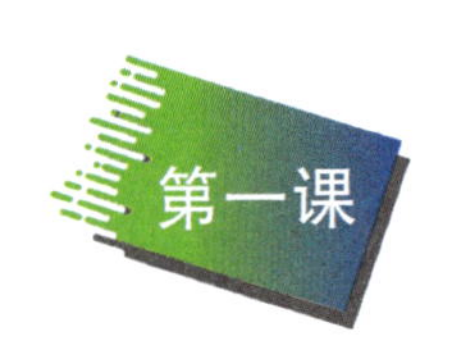

一、1. 错　2. 错　3. 对　4. 对　5. 对

二、爆满　诸如　热议　融入　畅销　成效　慕名　本土

三、1. 居高不下　2. 抢购一空　3. 过目不忘　4. 长盛不衰　5. 老少咸宜　6. 开源节流
　　7. 任劳任怨　8. 慕名而来　9. 跟进　10. 灌输　11. 扶持

四、1. 认知度　知名度　满意度　参与度
　　2. 热卖　热销　热恋　热议
　　3. 上映　上演　上传　上报
　　4. 所看　所思　所想　所闻
　　5. 颇费　颇佳　颇具　颇多

五、业绩—成绩—成效—绩效
　　1. 成效　2. 成效　3. 绩效　4. 绩效　5. 业绩　6. 成绩　7. 业绩
　　陆续—相继—持续
　　1. 相继　2. 陆续　3. 持续　4. 陆续
　　认知—认可
　　1. 认可　2. 认知　3. 认知　4. 认可
　　扶持—支持
　　1. 扶持、支持　2. 支持　3. 支持　4. 扶持　5. 扶持　6. 扶持

六、神话：1. A　2. B　3. A　4. B
　　移师：1. B　2. B　3. A　4. B
　　滚动：1. A　2. B　3. B　4. B
　　灌输：1. B　2. A　3. B

七、略

八、1. DABC　2. CABD　3. ACBD　4. CABD

九、1. B　2. A　3. B　4. C　5. C　6. C　7. A　8. B　9. B　10. C　11. A　12. A

十、略

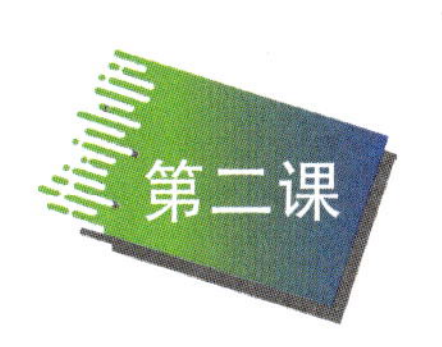

一、1. 对　2. 对　3. 错　4. 错　5. 错　6. 错　7. 对

二、1. 不能解释却有规律出现的现象　2. 突然而且严厉　3. 发展很快
　　4. 失去原有的作用　5. 突然停止、停止发展　6. 重要动力、停止发展
　　7. 受到严重影响　8. 国有企业退出市场民营企业进入市场
　　9. 激活 / 刺激　10. 较量 / 竞争

三、1. 三令五申　2. 高歌猛进　3. 如出一辙　4. 兜头浇灭　5. 狙击
　　6. 猛然　7. 骤然　8. 突破　9. 势必　10. 莫不如是

四、魔咒：1. A　2. B　3. B　4.B
　　刹车：1. A　2. B　3. C　4. B　5. C
　　激活：1. B　2. A　3. C　4. C　5. B

五、略

六、1. CABED　2. CABED　3. CDAB　4. ABDC　5. BDACE　6. DABEC

七、略

八、略

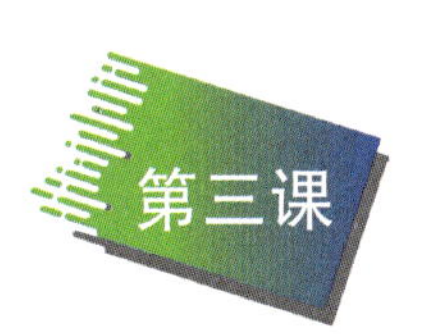

一、1. 错　2. 错　3. 对　4. 错　5. 对　6. 错　7. 对　8. 错　9. 错　10. 对

二、1. 认识不到位　2. 认识透彻　3. 因不能按时支付而写下欠条　4. 财富
　　5. 文字　6. 快速发展、发展迅猛　7. 不知道为什么这么做　8. 冷清
　　9. 停止发展　10. 天下第一　11. 核心

三、1. 载入史册　2. 火上浇油　3. 门庭若市　4. 坚船利炮　5. 门可罗雀
　　6. 倾家荡产　7. 不计其数　8. 雄踞天下　9. 不可思议　10. 发扬光大

四、1. 拟定　2. 拟订　3. 运营　4. 崩盘　5. 维持　6. 缺少　7. 维系　8. 崩溃
　　9. 经营　10. 热潮　11. 运营　12. 缺乏　13. 风潮　14. 维系　15. 运作

五、略

六、略

七、1. CADB　2. BDACE　3. BDCEA　4. DAEBC　5. DBACE　6. CEABD

八、1. C　2. C　3. B　4. A　5. C　6. C　7. B　8. B　9. A　10. B

九、略

十、略

一、1. 错　2. 错　3. 对　4. 错　5. 对　6. 错　7. 对　8. 错　9. 对　10. 对

二、火爆—冷清　弱势—强势　飙升—暴跌　萎缩—扩张　旺季—淡季
热销—滞销　上涨—下降　防御—进攻　从紧—放宽　亏损—盈利
逆势—顺势　理智—冲动　抑制—刺激　短期—长期　稀缺—过剩

三、1. 一无所有的人　2. 排在前列　3. 投资是卖点　4. 不考虑成本　5. 集中
6. 榜样　7. 让人绝望的幽默　8. 不满

四、1. 支持　2. 脱离　3. 支撑　4. 导致　5. 摆脱　6. 致使　7. 控制　8. 势头
9. 预想　10. 抑制　11. 预期　12. 迫使　13. 导致　14. 脱离　15. 支撑　16. 走势

五、泡沫：1. B　2. A　3. A　4. B
出台：1. C　2. A　3. B　4. C
标杆：1. B　2. A　3. B　4. A
触动：1. A　2. C　3. C　4. B　5.B
出手：1. C　2. A　3. A　4. C　5. B　6. B

六、略

七、1. CBDA　2. BEACD　3. CDAB/DACB　4. CEBAD　5. CABD　6. CABDE

八、略

九、略

一、1. 对　2. 对　3. 错　4. 错　5. 错　6. 错　7. 对　8. 对　9. 对　10. 错

二、覆盖　跻身　和谐　悬念　撤职　回溯　悉数　依赖

三、1. 悉数　2. 望尘莫及　3. 享誉全球　4. 覆盖　5. 视若无睹　6. 铩羽而归
7. 风驰电掣　8. 遍布　9. 引咎　10. 重整旗鼓

四、1. 投标　中标　商标　竞标

2. 甚严　甚好　甚微　甚佳
3. 跨国　跨界　跨越　跨度
4. 辞职　入职　就职　称职
5. 承包　拎包　箱包　荷包

五、跨入—跨越

1. 跨越　2. 跨越　3. 跨入　4. 跨域　5. 跨入　6. 跨越

发布—公布

1. 公布　2. 发布　3. 发布　4. 公布　5. 发布

大佬—巨头

1. 巨头　2. 巨头　3. 大佬　4. 大佬

路径—途径

1. 途径　2. 路径　3. 途径　4. 路径　5. 路径　6. 途径

六、刺激：1. B　2. A　3. A　4. C　5. B　6. C
出局：1. B　2. A　3. B　4. A
打包：1. B　2. B　3. A　4. A

七、略

八、略

九、1. ACBD　2. CBDA　3. DBAC　4. CABD

十、略

一、1. 对　2. 对　3. 对　4. 对　5. 对　6. 错　7. 对

二、1. 开始　2. 特征　3. 专为明星设计　4. 特色　5. 吻合　6. 运用
7. 财富　8. 说明　9. 强化

三、1. 经久不衰　2. 诠释　3. 自然而然　4. 回报　5. 水到渠成　6. 名望
7. 口碑　8. 数不胜数　9. 顺势而为　10. 塑造

四、打响：1. B　2. A　3. B　4. B
标签：1. A　2. B　3. A　4.B
套路：1. A　2. C　3. B　4. B　5. C　6.B
基因：1. A　2. B　3. B　4. A

五、略

六、1. CBDA　2. ABDEC　3. ADBC　4. BADC　5. BADC　6. CABD

七、略

八、略

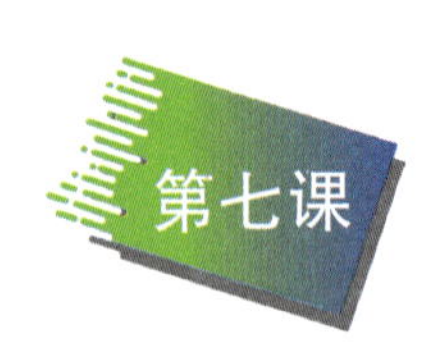

第七课

一、1. 错　2. 错　3. 对　4. 错　5. 对　6. 错　7. 对　8. 对　9. 错　10. 错

二、至少—最多　持久—短暂　盈余—亏损　名义—实际

压低—抬高　静态—动态　有限—无限　反驳—支持

强势—弱势　稳妥—激进　宏观—微观　缓解—加剧

三、1. 持续　2. 必然　3. 自然　4. 继续　5. 当然　6. 持续　7. 震荡　8. 震动

9. 长久　10. 调节　11. 震撼　12. 调整　13. 调控

四、套餐：1. A　2. B　3. A　4. B

名义：1. A　2. B　3. B　4. A　5. B　6. B

投机：1. B　2. A　3. B　4. A

有限：1. A　2. B　3. A　4.B

扰动：1. B　2. B　3. A　4. B

五、略

六、1. CADB　2. DACB　3. CABD　4. CBDA

七、略

八、略

第八课

一、1. 错　2. 对　3. 错　4. 对　5. 错　6. 错　7. 对　8. 对　9. 错　10. 对

二、1. 开拓市场　2. 准备充分　3. 难题　4. 争相报道　5. 强势回归　6. 针锋相对

7. 名列第二　8. 地位高的　9. 有魄力　10. 减少、有发展潜力的

三、1. 设立　2. 联盟　3. 打击　4. 打破　5. 违背　6. 面对　7. 掌控　8. 措施

9. 面临　10. 举措　11. 把握　12. 背离、背离　13. 突破　14. 狙击　15. 公布

16. 结盟　17. 设置　18. 冲破　19. 掌握　20. 发布

四、渠道：1. B　2. C　3. C　4. B　5. A

　　瓶颈：1. B　2. B　3. A

　　追逐：1. A　2. B　3. B　4.B

　　触角：1. B　2. A　3. B　4. A

五、略

六、略

七、1. CADB　2. BADC　3. CADEB　4. DAEBC　5. BDAC　6. CABED

　　7. CBDAE　8. CADB

八、1. D　2. B　3. B　4. A　5. B　6. C　7. B　8. C　9. D　10. C

九、略

十、略